ANCIENS REGISTRES

DES PAROISSES DE LIMOGES

LOUIS GUIBERT

ANCIENS REGISTRES

DES

PAROISSES DE LIMOGES

LIMOGES

IMPRIMERIE DE CHAPOULAUD FRÈRES

Rue Manigne, 24

1881

ANCIENS REGISTRES

DES

PAROISSES DE LIMOGES

L'Hôtel de ville de Limoges possède une collection des plus intéressantes et des plus précieuses pour l'histoire des familles de notre pays : nous voulons parler du dépôt des registres de baptêmes, mariages et enterrements, tenus, avant la Révolution, dans chacune des paroisses de la Ville, de la Cité et de leur banlieue. C'est à ces documents qu'il faut recourir pour toutes les recherches ayant trait à l'état civil des individus jusqu'aux derniers mois de l'année 1792. A cette époque, et en vertu d'un décret de l'Assemblée nationale du 20 septembre, les registres des églises furent portés dans les sections, où des officiers municipaux durent constater, par un acte dressé sur la déclaration de témoins, non plus l'administration d'un sacrement ou la célébration d'une cérémonie religieuse, mais le fait même de la naissance, du mariage ou du décès.

On sait quelles lacunes irréparables présentent les collections de papiers publics de notre ville : l'incurie des administrateurs chargés de leur surveillance, l'incapacité et le défaut d'ordre des conservateurs désignés par eux, ne sont pas les seules raisons de l'état de choses vraiment attristant que constate chacun de nos inventaires. On l'a déjà dit, et il faut bien le répéter : tous nos dépôts départementaux ou municipaux, archives, bibliothèques, tous sans exception ont été effrontément pillés. Les papiers paroissiaux ne pouvaient échapper à cette destinée commune. Soit pendant leur transport de l'église au local où ils restèrent longtemps entassés sans être l'objet ni d'un classement régulier ni du moindre soin, soit durant leur long abandon à la poussière, à l'humidité et à la discrétion de tout le monde, beaucoup d'entre eux disparurent ; de ce nombre sont malheureusement les plus anciens des documents de cet ordre qui existassent à Limoges au moment de la Révolution : toute une série de cahiers dè l'église de Saint-Maurice, contenant des actes à partir de l'année 1551. — Les premiers en date de la collection qui subsiste aujourd'hui sont les livres baptistères de Saint-Pierre-du-Queyroix, commençant au 1ᵉʳ janvier 1585, et cette paroisse est la seule qui nous fournisse des actes du xviᵉ siècle.

Il faut d'autant plus regretter la perte des registres de Saint-Maurice, que cette paroisse était la troisième en importance, et que la période à laquelle se rapportaient ces documents est une des plus intéressantes de notre histoire locale.

Ajoutons que, avant 1789, on avait déjà eu à déplorer plus d'un fait analogue à ceux dont nous venons de parler. On lira plus loin des extraits des registres de Saint-Domnolet établissant que certains curés avaient gardé chez eux des papiers de la paroisse, et l'abbé Legros, dans l'*Abrégé des Annales,* cite des actes tirés des registres de baptêmes de Saint-Pierre et problablement aussi de Saint-Michel, de 1609 et 1617, aujourd'hui manquants, registres qui se trouvaient alors entre les mains d'un particulier, M. Sage, de Limoges.

Rien n'a été épargné à ces malheureux registres. Les faussaires mêmes se sont attaqués à eux, et, dans un procès récent devant le tribunal de la Seine, il a été établi que, à une date très postérieure à celle des actes, une main coupable avait modifié à diverses époques et sur les cahiers de plusieurs paroisses, l'orthographe d'un certain nombre de noms.

I

Les personnes étrangères à l'étude de l'histoire locale auront peut-être quelque peine à croire que, vers le milieu du xiiiᵉ siècle, on constate, d'une façon certaine, l'existence de *vingt-neuf* paroisses (1) sur le territoire actuellement compris dans les limites de la commune de Limoges. De ces paroisses, plusieurs disparurent dès une époque assez éloignée de nous. Ainsi Saint-

---

(1) Nous pourrions dire *trente-une* si nous comprenions dans notre relevé la « cure » du monastère et la « cure » du Sépulcre de Saint-Martial.

Nicolas, dont nous ne connaissons même pas d'une façon bien exacte l'emplacement, fut rattaché, au xive ou au xve siècle, à Saint-André (1), qui disparut à son tour en 1525, lors de l'établissement dans la Cité du petit couvent des Carmes, et fut, à cette date, uni à Saint-Domnolet, qui, peu après, absorba aussi la paroisse de Notre-Dame du Puy-Lanau. Saint-Gérald avait, à une époque peut-être antérieure à l'annexion de Saint-Nicolas à Saint-André, englobé la circonscription desservie par la petite église rurale de Saint-Jean-des-Vignes. La cure du Sépulcre, à la Cathédrale (2), était unie en 1279 à Saint-Jean. Dès 1419.

----

(1) Cette union nous paraît inexplicable et a dû être motivée par des raisons tout à fait exceptionnelles. Le seul titre, en effet, d'où, à notre connaissance, on puisse tirer une indication topographique relative à Saint-Nicolas est la liève de la confrérie de *Las Cheiras*, dont voici le passage concernant cette église : ... *A la porta de Mairabou... en la maijo P. Guilbert a Mairabou que es devan laigleija S. Nicholau* (reg. consulaire A fol. 15) : or, entre la porte Mireboeuf et Saint-André, il y avait plusieurs églises paroissiales : Saint-Laurent, Saint-Paul, Saint-Julien, et l'union à une de celles-ci eût été plus naturelle. De plus, il nous semble très extraordinaire qu'une paroisse dépendant de la Ville ait pu, à cette époque, être unie à une paroisse dépendant de la Cité.

(2) La cure du Sépulcre de la Cathédrale est souvent mentionnée. Un nécrologe de Saint-Etienne, que possèdent nos archives départementales, nomme le curé du Sépulcre avec les autres curés de la Cité et des environs et au même titre qu'eux... : *Capellanus de Sepulcro et capellanus Sancte Afre et capellanus Sancti Mauritii et capellanus Sancti Michaëlis de Pistoria et capellanus de Insula debent accipere ut canonicus...*

Nous avons retrouvé aux Archives départementales l'acte d'union de la cure du Sépulcre à la cure de Saint-Jean, ou, pour mieux dire, de celle-ci à la première ; car, si les offices se faisaient dans l'église de Saint-Jean, le titre de *chapelain du Sépulcre* continua d'être donné au curé. Voici le texte de cet acte :

« *Universis presentes litteras inspecturis Capitulum Lemovicense salutem in Domino. Noveritis quod nos inter venerabilem virum magistrum Raynaldum de Sancto Marciale, precentorem nostrum, et nos, permutacionem ad invicem facientes de capella Sancti Johannis Baptiste sita juxta ecclesiam nostram, cujus collacio ad dictum precentorem pertinebat, et de vicaria nostra magistri Johannis Bolho, quondam concanonici nostri, cujus collacio ad nos similiter pertinebat, et cujus proventus usque ad decem libras renduales nos debemus solvere, donec perpetuo certo loco fuerint assignati, — supradictus precentor dictam capellam Sancti Johannis cum juribus et pertinenciis suis et omni jure quod in ipsa capella obtinebat pro se et successoribus suis nobis perpetuo*

Saint-Jacques n'existait plus et était absorbé par Saint-Christophe ; à la même paroisse fut annexée la cure de la Maison-Dieu, à laquelle en 1623 l'abbesse de la Règle nommait encore, mais dont l'église n'avait plus ni porte ni clocher dès 1616. — Notre-Dame des Arènes, qui, en 1355, n'était plus qu'une succursale de Saint-Michel-des-Lions, devint la chapelle des Petites-Claires en 1661. On réunit au xvi° siècle à Saint-Paul la petite église de Saint-Laurent, qui était située dans la cour intérieure du monastère de Saint-Martin, et tombait déjà en ruines en 1581. Sainte-Affre fut absorbée en 1545 par Saint-Julien ; Saint-Lazare en 1565, par Sainte-Félicité ; Saint-Genès et Notre-Dame-du-Puy en la Cité, par Saint-Maurice, à une date que nous ne saurions préciser.

En 1789, seize des églises paroissiales subsistaient encore, deux dans la ville proprement dite : Saint-Pierre-du-Queyroix et Saint-Michel-des-Lions (Saint-Aurélien n'était qu'une dépendance de Saint-Cessateur, dont la circonscription paroissiale était tout entière hors des murailles) ; — trois dans la Cité : Saint-Jean en Saint-Étienne, Saint-Domnolet et Saint-Maurice (encore la population de cette dernière était-elle en très grande partie composée des habitants des faubourgs Manigne et Boucherie) ; — sept dans les faubourgs : Saint-Cessateur, Saint-Gérald, Sainte-Félicité, Saint-Michel-de-Pistorie, Saint-Christophe, Saint-Julien, Saint-Paul ; — quatre dans la banlieue : Sainte-Claire-de-Soubrevas, Saint-Martial-de-Montjauvy, Sainte-Madeleine-de-la-Bregère, Sainte-Marie-l'Égyptienne-d'Usurat. —

------

contulit liberaliter et benigne, — et nos eidem precentori et successoribus suis contulimus, cum juribus et pertinenciis suis, vicariam superius nominatam, volentes et concedentes quod per dictum precentorem et successores suos dicta conferatur vicaria persone idonee, [quocienscumque] ad hoc facultas se duxerit offerendum. Et quia hactexus capellania nostra Sepulcri Sancti Stephani fuerat in loco minus idonea, sublarraneo (sic) et obscuro, nos utilitate et honestate ecclesie nostre pensatis, unanimiter et concorditer dictam capellam Sancti Johannis cum [capellania] predicta Sepulcri Sancti Stephani annectimus, et ordinamus et statuimus quod dicta capella et dicta capellania perpetuo sint annexe, et quod in dicta capella Sancti Johannis, per capellanum Sepulcri Sancti Stephani divina celebrentur officia et ministrentur ecclesiastica sacramenta. In cujus rei testimonium, etc... Actum in capitulo nostro, ad hoc specialiter convocato et assignato, die veneris ante festum sancti Vincentii martiris, anno Domini millesimo ducentesimo septuagesimo nono. »

La Mairie ne possède aucun papier de ces trois dernières paroisses. Nous verrons plus loin que les archives du greffe du tribunal civil permettent de combler cette lacune, au moins pour la période comprise entre 1737-38 et 1791.

Un décret du 1er juin 1791, rendu sur la proposition de l'Evêque constitutionnel de la Haute-Vienne et de l'Administration départementale, et en conformité de la loi générale du 24 août précédent (1), réduisit à quatre le nombre des paroisses de Limoges. Des anciennes églises paroissiales, dont quelques-unes étaient fermées depuis plusieurs mois déjà, deux seulement conservèrent un titre : Saint-Pierre et Saint-Michel. On leur adjoignit la Cathédrale, dont le territoire avait été jusque-là desservi par la petite cure de Saint-Jean, et l'église des Dominicains, érigée sous le titre de Saint-Thomas-d'Aquin. — Le registre de Saint-Étienne fut solennellement inauguré par l'évêque : Gay-Vernon baptisa lui-même le premier enfant qui y fut porté. Il prend, à l'acte, la qualification d'*Évêque du département de la Haute-Vienne et curé de Saint-Étienne par la miséricorde divine, l'élection du peuple et la loi constitutionnelle de l'État.*

Des registres particuliers furent tenus à l'hôpital jusqu'au 31 décembre 1792. Saint-Christophe, qui formait une commune rurale, en eut jusqu'à la même époque.

Les registres paroissiaux ne mentionnent pas seulement les baptêmes, fiançailles, publications de bans, mariages, administration de derniers sacrements, enterrements et abjurations : on y rencontre, de loin en loin, des notes intéressant l'histoire de la paroisse ou de la ville. Les passages dont il s'agit sont en général destinés à perpétuer le souvenir d'un don fait à

---

(1) Décret du 12 juillet — 21 août 1790 sur la constitution civile du clergé. — Article 6. Il sera procédé incessamment à une nouvelle formation et circonscription de toutes les paroisses du royaume... — Art. 15. Dans toutes les villes et bourgs qui ne comprendront pas plus de six mille âmes il n'y aura qu'une seule paroisse... — Art. 16. Dans les villes où il y a plus de six mille âmes, chaque paroisse pourra comprendre un plus grand nombre de paroissiens... — Art. 17. Les assemblées administratives, de concert avec l'Evêque, désigneront à la prochaine législature les paroisses, annexes ou succursales, qu'il conviendra de réserver ou d'étendre, d'établir ou de supprimer, et ils en indiqueront les arrondissements.

l'église, de travaux de réparation ou d'embellissement, de la pose et du baptême d'une cloche, à rappeler des difficultés entre les paroisses, soit au sujet de la délimitation de leurs territoires, soit à l'occasion de certains droits ou privilèges. De ces privilèges, le plus connu est celui que possédait la petite église de Saint-Jean en Saint-Étienne : le curé de cette paroisse jouissait de la singulière prérogative de baptiser tous les enfants nés pendant les octaves de Pâques et de la Pentecôte, tant dans la ville et les faubourgs que dans la Cité. Il ne faut pas perdre de vue ce détail quand on fait des recherches dans les registres des baptêmes. On trouve Saint-Jean en possession de ce droit dès le xve siècle, et son clergé sut le faire constamment respecter (1). Particularité curieuse : une autre chapelle de Saint-Jean, dépendant de Saint-Martial, avait joui

---

(1) Ce privilège, qui fut confirmé à plusieurs reprises par sentences du siège sénéchal de Limoges, notamment les 23 février 1696, 16 février 1758, etc., est rappelé dans une ordonnance sans date, mais vraisemblablement du milieu du xvie siècle, copiée par l'abbé Nadaud aux Archives de l'Évêché, et reproduite par Legros, dans ses *Mélanges manuscrits*, T. I, p. 138 :

« *Prohibitio contra capellanos ecclesiarum infra cruces, ne habeant conferre nec administrare sacramentum baptismi in ecclesiis suis, pendentibus septimana Paschæ et septimana Pentecostes, scilicet ab hora decima ante meridiem sabbati Paschæ usq.e ad dictam horam sabbati Quasimodo subsequentis inclusive et ab eadem hora sabbati vigiliæ Pentecostes usque ad sabbatum sanctæ Trinitatis, anno quolibet. Item contra parrochianos, patrinos et matrinas, ne habeant etiam deferre parvulos ad sacramentum baptismi, pendente dicto tempore, nisi in capella nostra Sancti Joannis Baptistæ ecclesiæ Lemovicensis dependente, — sub pœna excommunicationis, nec non et maxima mulcta.*

» *Sequuntur ecclesiæ : Sancti Petri de Quadruvio, Lemovicensis; Sancti Michaelis de Leonibus, Lemovicensis; Sancti Mauricii de Fossa, nostræ ecclesiæ dependentis ; Sancti Andreæ et Nicolai ; Sancti Gregorii et Domnoleni ; Sanctæ Afræ et Juliani; Sancti Christophori et Jacobi; Sancti Pauli de Fonte ; Sanctæ Felicitatis de Ponte; Sancti Cessatoris et Aureliani ; Sancti Gerardi (sic) et Joannis Baptistæ de Vineis: Sancti Michaelis de Pistoria, alias Arrediani.*

» *Item quod prædicti duodecim capellani debent assistere ecclesiæ nostræ et inscribere domino episcopo in die Cœnæ Domini, in sanctificatione sanctorum oleorum, ut moris est.* »

Il est fait allusion à ce privilège dans un *Livre de raison* de la famille Benoist de Limoges, à la date de 1411... *Et fo bablizat a mossᵣ seinx Johan de davant mossᵣ seinx Testeffe (sic) quar eram a la Pandeguosta.*

au commencement du xi° siècle d'un privilège semblable ; les actes du concile tenu à Limoges en 1031 en font foi (1).

On n'avait pas, dans toutes les paroisses, adopté les mêmes règles pour la tenue des registres dont nous nous occupons. Le plus souvent, on employait un seul cahier, sur lequel le prêtre de service inscrivait à la suite l'un de l'autre tous les faits dont il devait conserver la trace ; quelques églises avaient trois livres : le « papier baptistère », celui des mariages et le « mortuaire ». On constate au surplus que, dans les paroisses les plus importantes, il a existé tantôt plusieurs registres, tantôt un seul. Parfois plusieurs vicaires, ou le curé et un vicaire, ont chacun tenu simultanément leur cahier particulier, où sont mentionnées les cérémonies auxquelles ils ont présidé ; en sorte qu'il est nécessaire de parcourir plusieurs livres pour les recherches se rapportant à cette période, et qu'on ne saurait affirmer qu'il n'y ait pas de lacune dans la série de ces recueils, le registre d'un vicaire ayant pu disparaître sans qu'il soit resté la moindre trace de l'existence de ce document. Ce fait, de la tenue simultanée de plusieurs registres ; renfermant chacun des actes de toute espèce, a dû échapper à la plupart des personnes qui ont feuilleté ces cahiers, et être la cause de bien des erreurs.

Le pouvoir civil ne paraît pas s'être occupé de la tenue des registres paroissiaux avant 1539 : à cette date, on trouve un article de l'ordonnance de Villers-Cotterets imposant au clergé l'obligation d'inscrire les baptêmes et sépultures, et de déposer au greffe du bailliage le plus voisin les cahiers renfermant ces constatations. L'ordonnance de Blois ajouta, quarante ans plus tard, les actes de mariage à ceux dont les curés devaient garder note, et disposa que le dépôt au greffe des registres de chaque année devrait être effectué dans les deux premiers mois de l'année suivante. En 1667, Louis XIV décida que les papiers paroissiaux seraient admis comme preuves en justice. Aussi commencèrent-ils dès lors à être établis sur timbre ; nous

____

(1) Labbe : *Nova Bibliotheca*, T. II, p. 793 : *In oratorio Sancti Joannis Baptiste, quod est ad meridiem sursum secus Salvatoris basilicam, fontes* AB ANTIQUIS TEMPORIBUS *præparati sunt et tantummodo in Pascha et in Pentecoste ibi semper solet agi baptismus.*

trouvons à Limoges des registres timbrés dès 1673. Mais ces sages mesures tombèrent en désuétude. C'est au chancelier d'Aguesseau qu'on doit les dispositions législatives qui vinrent les remettre en vigueur et réglementèrent les constatations relatives à l'état civil jusqu'au vote par l'Assemblée nationale de la loi du 20 septembre 1792. La déclaration royale du 9 avril 1736 ordonna que, dans toutes les paroisses, des registres, cotés et paraphés par le premier officier du siège de la juridiction, seraient tenus en double pour l'inscription de tous les actes de baptême, de mariage et de sépulture ; les communautés religieuses devaient, outre les inhumations qui avaient lieu dans leur enceinte, mentionner toutes les vêtures, actes de noviciat et de profession ; un des exemplaires de ces divers registres était déposé, à la fin de chaque année, au greffe du siège (1).

Il nous a paru indispensable de dresser un relevé complet des registres paroissiaux conservés à l'Hôtel de ville de Limoges. L'inventaire en fut fait du 25 au 30 octobre 1792, lorsque les trois commissaires municipaux désignés le 21 par le Conseil général de la commune pour remplir les fonctions d'officiers de l'état civil (2) se présentèrent dans les paroisses, afin d'arrêter ces registres et de surveiller leur transport à la maison commune ; mais nous n'avons pu retrouver cet important document, ni au bureau de l'état civil, ni au secrétariat de la Mairie, et les relevés qui existent dans les collections particulières sont très incomplets (3).

II

La collection de l'Hôtel de ville se compose de deux cent vingt registres ou cahiers, provenant de quinze paroisses, dont treize existant avant 1789 et deux créées en 1791 (Saint-Étienne et Saint-Thomas-d'Aquin) ; l'hôpital forme une seizième série.

---

(1) De Rieff : *Commentaires de la loi sur les actes de l'état civil,*

(2) Archives de l'Hôtel de ville de Limoges. Registres du Conseil général de la commune, séance du 21 octobre 1792.

(3) M. Nivet-Fontaubert possède toutefois le relevé des registres de plusieurs paroisses accompagnant les procès-verbaux de remise de ces registres aux commissaires municipaux.

Voici le relevé sommaire de tous les articles de la collection municipale :

I. — Saint-Pierre-du-Queyroix. *Quatre-vingt-trois registres :* Baptêmes, dates extrêmes : 1er janvier 1585, 21 juin 1588 ; — B. 6 juillet 1597, 31 août 1602 ; — B. 2 mai 1603, 1er mai 1630 (avec répertoire) ; — B. 2 mai 1601, 28 avril 1605 ; — B. 2 mai 1606, 28 avril 1607 ; — B. 2 mai 1608, 29 avril 1609 (1) ; — B. 3 mai 1610, 28 avril 1611 ; — B. 2 mai 1612, 30 avril 1613 ; — B. 1er janvier 1613, 29 décembre 1613 ; — B. 1er mai 1611, 30 avril 1615 (2) ; — B. 1er mai 1618, 30 avril 1619 ; — B. 2 mai 1620, 30 avril 1621 ; — B. 2 mai 1622 ; 13 décembre 1622 ; — B. *partiel,* 19 septembre 1621, 26 avril 1631 (avec répertoire) ; — B. 28 septembre 1621, 11 avril 1631 ; — B. 8 mai 1632, 21 mars 1618 ; — B. 12 août 1635, 6 février 1639 (3). — Baptêmes, mariages, enterrements : 28 août 1635, 6 (ou 16) février 1639 ; — B. 22 mars 1613, 13 février 1619 ; — B. 26 janvier 1611, 15 juillet 1616 (1) ; — B. 26 mars 1618, 29 août 1656 ; — B. 13 septembre 1660, 31 mars 1663 ; — B. 17 février 1663, 23 décembre 1667. — Enterrements : 3 janvier 1668, 29 décembre 1668. — Mariages : 9 avril 1668, 1er décembre 1668 ; — Enterrements : 2 janvier 1669, 26 décembre 1669 ; — B. 7 janvier 1669, 29 décembre 1669 ; — M. 7 janvier 1669, 30 novembre 1669 ; — E. 1er janvier 1670, 29 décembre 1670 ; — B. 2 janvier 1670, 30 décembre 1670 ; — M. 7 janvier 1670, 26 novembre 1670 ; — E. 1er janvier 1671, 29 décembre 1671 ; — B. 1er janvier 1671, 27 décembre 1671 ; — M. 8 janvier 1671, 10 décembre 1671 ; — B. 1er janvier 1672, 30 décembre 1672 ; — M. 3 janvier 1672, 21 novembre 1672 ; — E. 3 janvier 1672, 30 décembre 1672 ; — B. 1er janvier 1673, 29 décembre 1673 ; — E. 2 janvier 1673, 30 décembre 1673 ; — M. 8 janvier 1673, 27 novembre 1673 ; — E. 1er janvier 1674, 30 décembre 1671 ; — B. 2 janvier 1671, 29 décembre 1671 ; — M. 3 jan-

---

(1 et 2) Nous avons dit plus haut qu'il existait déjà des lacunes avant 1780 dans les registres paroissiaux. Nous savons par l'abbé Legros (*Abrégé des Annales,* feuillet intercalé entre les pp. 556 et 557) que les registres de baptêmes de Saint-Pierre, et peut-être de Saint-Michel pour une partie au moins des années 1609 et 1617, étaient alors chez un particulier, M. Sage.

(3) C'est peut être celui désigné à l'inventaire daté du 26 octobre 1792 (cabinet de M. Nivet-Fontaubert) par cette mention : « Un cahier, sans signature, depuis 1635 jusqu'à 1638 ».

(1) L'inventaire que possède M. Nivet-Fontaubert mentionne ici un registre qui pourrait être un des précédents : « Un petit cahier contenant 15 feuillets, la plupart déchirés, mangés par les vers et commençant en 1644, finissant le 21 janvier 1618 ».

vier 1674, 22 décembre 1674; — B. 1er janvier 1675, 29 décembre 1675; — E. 4 janvier 1675, 26 décembre 1676; — M. 7 janvier 1675, 25 novembre 1677; — B. 1er janvier 1676, 30 décembre 1676; — B. 4 janvier 1677, 31 décembre 1677; — E. 4 janvier 1677, 29 décembre 1678; — B. 3 janvier 1678, 12 janvier 1679; — M. 10 janvier 1678, 10 septembre 1679; — E. 1er janvier 1679, 16 octobre 1680; — B. 1er janvier 1679, 29 décembre 1679; — M. 23 septembre 1679, 8 octobre 1680; — B. 1er janvier 1680, 17 octobre 1680; — M. 9 octobre 1680, 2 octobre 1681; — B. 31 octobre 1680, 1er janvier 1682; — E. 29 octobre 1680, 17 novembre 1681; — M. 21 novembre 1681, 25 février 1731; — B. 4 janvier 1682, 6 juillet 1706; — E. 5 juin 1682, 25 avril 1683; — E. 8 mai 1683, 2 mai 1692; — E. 1er janvier 1695, 4 août 1709; — B. 15 juillet 1706, 30 décembre 1721; — E. 17 août 1709, 18 février 1717; — E. 21 février 1717, 23 octobre 1720; — E. 24 octobre 1720, 10 septembre 1736; — B. 4 janvier 1722, 16 avril 1736; — M. 2 mars 1731, 23 novembre 1756; — B. 18 avril 1736, 29 décembre 1756; — E. 11 septembre 1736, 30 décembre 1756; — B. 1er janvier 1757, 25 décembre 1771; — E. 6 janvier 1757, 29 décembre 1771; — M. 7 janvier 1757, 20 décembre 1771; — B. 1er janvier 1775, 20 décembre 1786; — M. 8 janvier 1775, 28 novembre 1786; — E. 10 janvier 1775, 31 décembre 1786; — B. 1er janvier 1787, 30 décembre 1792 (le registre est arrêté au 26 octobre 1792 par les commissaires de la municipalité et tenu à la maison commune jusqu'à la fin de l'année); — E. du 2 janvier 1787 au 26 décembre 1792 (tenu à la maison commune à partir du 26 octobre 1792; — M. du 7 janvier 1787 au 31 décembre 1792 (tenu à la maison commune à partir du 26 octobre 1792). — Table répertoire des baptêmes, de 1660 à 1725. — Table répertoire des baptêmes, de 1726 à 1791. — Répertoire général des baptêmes, mariages et inhumations de 1726 au 31 décembre 1791.

II. — SAINT-MICHEL-DES-LIONS. *Vingt-cinq registres :* — B. 2 octobre 1603, 25 août 1612 (1); — B. 4 mai 1612, 4 novembre 1620 (1); — B. 27 octobre 1620, 10 novembre 1625; — B. 22 mars 1613, 13 février 1619 (2); — B. 1er janvier 1653, 5 mai 1651; — B. 11 juin 1651, 30 décembre 1673; — B. 20 octobre 1663, 17 avril 1668 (avec répertoire); — B. M. E. 1er janvier 1671, 30 décembre 1682; — B. M. E. 9 janvier

---

(1) Des deux ou trois registres tenus simultanément, un seul a été conservé.

(2) L'inventaire qui figure au procès-verbal de remise du 30 octobre 1792, mentionne ici un registre de baptêmes, commençant le 26 mars 1613 et finissant le 29 août 1656, dont il ne reste pas trace à la mairie. (Cabinet de M. Nivet-Fontaubert.) D'après le même inventaire, il existait une suite non interrompue de registres renfermant des actes de toute sorte à dater du 11 juin 1654; nous ne la possédons qu'à partir du 1er janvier 1671, comme on le voit.

1683, 29 mars 1696 (au début, les baptêmes et les inhumations sont séparés et forment des séries distinctes); — B. M. E. 28 mars 1696, 18 décembre 1706; — B. M. E. 21 décembre 1706, 10 juillet 1718; — B. M. E. 10 juillet 1718, 10 avril 1725; — B. M. E. 12 avril 1725, 30 juin 1733; — B. M. E. 30 juin 1733, 30 décembre 1741; — B. M. E. 1er janvier 1742, 29 décembre 1750; — B. M. E. 1er janvier 1751, 31 décembre 1759; — B. M. E. 1er janvier 1760, 31 décembre 1769; — B. M. E. 1er janvier 1770, 31 décembre 1775; — B. M. E. 1er janvier 1776, 31 décembre 1781; — B. M. E. 2 janvier 1782, 31 décembre 1787; — B. M. E. 1er janvier 1788, 31 décembre 1792 (le registre est arrêté et tenu à la maison commune à dater du 30 octobre 1792); — table répertoire des baptêmes de septembre 1603 à décembre 1620 et du 1er janvier 1668 au 31 décembre 1759; — table répertoire des mariages et enterrements de 1668 à 1759; — table répertoire des baptêmes, mariages et enterrements de 1760 à 1781; — table répertoire des baptêmes, mariages et enterrements de 1781 au 31 décembre 1791.

III. — Saint-Jean-en-Saint-Étienne ou en la Cité (réuni à Saint-Étienne en 1791). *Quatre registres* (1) : Baptêmes, mariages, enterrements, 6 juin 1702, 2 juin 1703; — B. M. E. 22 mars 1701, 26 mai 1711; — B. M. E. 26 mars 1712, 3 décembre 1770; — B. M. E. du 11 février 1771, 11 juin 1791.

IV. — Saint-Maurice, Saint-Maurice de la Fosse ou du Fossé, Saint-Maurice en la Cité (réuni à Saint-Étienne en 1791) (2). *Quarante-un registres* : Baptêmes, mariages, enterrements, 22 août 1602, 18 décembre 1610; — B. M. E. 6 janvier 1611, 19 décembre 1616 : — B. M. E. 16 janvier 1617, 31 décembre 1620; — B. M. E. 12 janvier 1621, 27 décembre 1622; — B. M. E. 4 janvier 1623, 18 décembre 1624; — B. M. E. 11 janvier 1625, 17 novembre 1626; — B. M. E. 1er janvier 1627, 21 décembre 1628; — B. M. E. 6 janvier 1629, 1er mars 1633; — Baptêmes, 20 avril 1633, 29 décembre 1648 (répertoire); — Mariages, 22 avril 1610, 11 février 1649; — Enterrements, 16 mars 1611, 29 octobre 1661; — B. février 1611, juin 1616; — B. 3 janvier (?) 1649, 10 février 1663 (avec répertoire); — M. 2 mai 1619, 25 novembre 1664; — B. 13 septembre 1660, 31 mars 1663; — B. 18 février 1663, 22 septembre 1672 (avec répertoire); — E. 16 décembre 1664, 26 décembre 1679; — M. 11 janvier 1665, 28 novembre 1682; — Bapt. Mar., Ent., 9 janvier 1680, 30 décembre 1690 (avec répertoire); — B. M. E. 3 janvier

---

(1) D'après le procès-verbal déjà cité, les registres de Saint-Jean qui existaient au commencement de la Révolution remontaient jusqu'à 1657.

(2) Un procès-verbal conservé dans la collection Nivet-Fontaubert mentionne quatre-vingt-treize volumes, dont les plus anciens remontaient à 1551. Cette paroisse possédait donc les premiers registres qui existassent à Limoges au moment de la Révolution.

1668, 17 juin 1668 ; — B. M. E. 3 janvier 1668, 31 décembre 1668 (avec répertoire) ; — B. 27 septembre 1672, 17 mars 1682 (avec répertoire) ; — Baptêmes, 5 janvier 1682, 6 mai 1691 (avec répertoire) ; — B. M. E. 5 janvier 1691, 28 novembre 1691 ; — B. M. E. 13 avril 1692, 31 octobre 1692 ; — B. M. E. 1er janvier 1693, 30 août 1695 ; — B. M. E. 5 septembre 1695, 3 mai 1697 ; — B. M. E. 10 mai 1700, 16 octobre 1703 (avec répertoire) ; — B. M. E. 17 octobre 1703, 30 septembre 1705 ; — B. M. E. 12 juin 1712, 1 juin 1715 ; — B. M. E. 30 juillet 1717, 30 décembre 1739, — B. M. E. 5 janvier 1740, 21 décembre 1753 ; — B. M. E. 6 janvier 1754, 29 décembre 1757 ; — B. M. E. 1er janvier 1758 ; 30 décembre 1761 ; — B. M. E. 1 janvier 1762, 31 décembre 1767 ; — B. M. E. 5 janvier 1768, 28 décembre 1771 ; — B. M. E. 3 janvier 1775, 31 décembre 1780 ; — B. M. E. 1er 1781, 1 août 1791. — Table répertoire des baptêmes de 1665 à 1790 inclus ; — table répertoire des enterrements de 1665 à 1790 inclus ; — table répertoire des mariages de 1665 à 1790 inclus.

V. — Saint-Domnolet, Saint-Annolet, Saint-Domnolet et Saint-André, Saint-Grégoire et Saint-Domnolet (1) (avait absorbé, dans le courant du xvie siècle, la petite paroisse du Puy-Lanau, et en 1625, la paroisse de Saint-André, à laquelle avait été, à une époque antérieure, réunie celle de Saint-Nicolas ; fut uni en 1791 à Saint-Étienne). *Quinze registres :* Baptêmes, mariages, enterrements, 20 ou 26 septembre 1687, 31 mars 1692 ; — B. M. E. 15 avril 1692, 20 octobre 1698 ; — B. M. E. 15 avril 1692, 16 août 1699 (lacunes en 1693 et du 25 octobre 1695 au 22 octobre 1698) ; — B. M. E. 23 août 1699, 9 février 1706 ; — B. M. E. 16 février 1706, 20 septembre 1707. — Quelques feuillets détachés de 1715 ; — B. M. E. 7 janvier 1722, 1 décembre 1724 ; — B. M. E. 6 décembre 1724, 26 novembre 1727 ; — B. M. E. 3 janvier 1728, 21 septembre 1730 ; — B. M. E. 3 janvier 1728, 30 décembre 1739 (avec répertoire), — B. M. E. 5 janvier 1740, 23 décembre 1754 ; — B. M. E. 7 janvier 1755, 29 décembre 1769 ; — B. M. E. 6 janvier 1770, 18 décembre 1779 ; — B. M. E. 4 janvier 1780, 29 décembre 1785 ; — B. M. E. 8 janvier 1786, 5 août 1791.

VI. — Saint-Julien — Sainte-Affre (Saint-Julien, qui avait englobé Sainte-Affre en 1545, fut uni à Saint-Étienne en 1791). *Deux registres :*

---

(1) Saint-Grégoire était le premier patron de la paroisse. Au xiie siècle on ne la désignait que sous ce nom. La légende de saint Domnolet n'existait pas encore telle que nous la connaissons, et Geoffroy de Vigeois atteste que, de son temps, on ne savait, de saint Domnolet, pas autre chose que le nom. — La paroisse de Saint-Domnolet comptait, vers 1782, 182 maisons et 970 habitants, dont 611 communiants et 325 enfants. N'étaient pas compris dans ce nombre le personnel de l'abbaye de la Règle (52 religieuses, 26 pensionnaires, 7 servantes) et celui du couvent des Carmes Déchaussés (9 religieux et 1 domestique).

B. M. E. 3 octobre 1691, 7 octobre 1701 ; — B. M. E. 21 février 1718, 29 juin 1791.

VII. — SAINT-CHRISTOPHE, SAINT-JACQUES ET SAINT-CHRISTOPHE (Saint-Jacques était une maladrerie dont le chapelain, comme celui de la Maison-Dieu, desservait une paroisse à une époque reculée, et fut réuni à Saint-Christophe à une date que nous ne saurions indiquer. Le territoire de Saint-Christophe forma quelque temps une commune distincte, et la paroisse subsista jusqu'à la fin de 1792). *Un registre :* B. M. E. 11 avril 1692, 25 décembre 1792 (transféré à la maison commune le 5 novembre 1792, et tenu quelques semaines par les officiers civils).

VIII. — SAINT-PAUL-SAINT-LAURENT, SAINT-PAUL-DE-LA-FONTAINE (1) (Saint-Laurent avait été uni à Saint-Paul en 1565, Saint-Paul fut rattaché à Saint-Étienne en 1791). *Un registre :* B. M. E. 25 décembre 1671, 3 août 1791.

IX. — SAINTE-FÉLICITÉ DU PONT-SAINT-MARTIAL, SAINTE-FÉLICITÉ-SAINT-LAZARE (Sainte-Félicité, après avoir absorbé en 1565 la paroisse rurale de Saint-Lazare, fut unie à Saint-Thomas-d'Aquin en 1791). *Deux registres :* B. M. E. 7 novembre 1729 (2), 25 décembre 1765 ; — B. M. E. 8 janvier 1766, 5 août 1791.

X. — SAINT-CESSATEUR-SAINT-AURÉLIEN (3) (uni en 1791 à Saint-Thomas-d'Aquin). *Un registre :* B. M. E. 2 janvier 1668, 22 juillet 1791 (mention de la réunion, à la date du 7 août 1791, de cette paroisse à celle de Saint-Thomas).

XI. — SAINT-GÉRALD, SAINT-GÉRALD ET SAINT-JEAN-DES-VIGNES : Saint-Gérald, à qui avait été annexé au xive siècle ou au commencement du xve Saint-Jean-des-Vignes, fut uni à Saint-Thomas-d'Aquin en 1791). *Dix-sept registres :* Baptêmes, 29 avril 1611, 8 décembre 1642 ; — B. 9 janvier 1643, 21 novembre 1661 ; — M. 9 janvier 1643, 3 février 1661 ; — E. 13 août 1650, 16 novembre 1663 ; — B. 4 décembre 1661, 26 février

---

(1) Ainsi nommé à cause de la fontaine « des Menudets ».

(2) L'inventaire des registres de Saint-Thomas-d'Aquin, conservé dans la collection Nivet-Fontaubert, établit qu'il fut remis, le 25 octobre 1792, aux commissaires de la municipalité, six autres registres de Sainte-Félicité dont nous ne retrouvons pas de traces : un allant du 22 mai 1665 au 5 mai 1669 ; deux, du 4 septembre 1669 au 11 juillet 1690 (avec des lacunes); le quatrième, du 19 janvier 1687 au 14 février 1690 ; le cinquième, du 3 mars 1692 au 3 mai 1707; le dernier, du 4 mai 1707 au 7 novembre 1729.

(3) Saint-Aurélien n'avait été qu'une succursale de Saint-Cessateur, très ancienne paroisse. Une note relevée sur le registre lui-même ou sur le double qui existe au greffe, établit qu'en 1738 Saint-Cessateur ne comptait que 17 feux et 40 communiants.

1668 ; — B. M. E. 8 janvier 1668, 27 décembre 1668 ; — B. M. E.
1er janvier 1669, 10 décembre 1669 ; — B. M. E. 1er janvier 1669, 8 décembre 1669 ; — B. M. E. 1er janvier 1670, 3 janvier 1672 ; — B. M. E.
3 janvier 1672, 11 janvier 1673 ; — B. M. E. 2 janvier 1673, 26 novembre
1673 ; — B. M. E. 2 janvier 1673, 5 février 1671 ; — B. M. E. 26 mai
1692, 2 septembre 1691 ; — B. M. E. 1er janvier 1671, 2 mai 1713 (1) ;
— B. M. E. 10 janvier 1740, 31 décembre 1759 ; — B. M. E. 6 janvier
1760, 18 novembre 1779 ; — B. M. E. 4 janvier 1780, 6 juillet 1791 (la
dernière année détachée et en copie).

XII. — SAINT-MICHEL-DE-PISTORIE, autrefois SAINT-MICHEL-D'EN-BAS,
ecclesia archangeli inferior, SAINT-MICHEL DE SAINT-YRIEIX (uni en 1791
à Saint-Thomas-d'Aquin) (2). *Dix registres* : Baptêmes, 2 août 1650,
10 février 1667 ; — B. M. E. 6 janvier 1668, 30 janvier 1671 ; — B. M.
E. 5 janvier 1668, 29 octobre 1673 (3) (un acte de janvier 1671) ; — B. M.
E. 22 août 1676, 18 avril 1681 (et répertoire) ; — B. M. E. 20 juillet 1681,
26 janvier 1686 ; — B. M. E. 7 janvier 1686, 29 juin 1696 ; — B. M. E.
29 juillet 1697, 10 juin 1730 ; — B. M. E. 22 juin 1730, 11 décembre
1760 ; — B. M. E. 3 janvier 1761, 30 décembre 1777 : — B. M. E. 4 janvier 1778, 30 juillet 1791.

XIII. — SAINTE-CLAIRE DE SOUBREVAS (réunie en août 1791 à Saint-
Thomas-d'Aquin ; l'église ne fut fermée qu'au mois de septembre). *Trois
registres* : Baptêmes, mariages, enterrements, 30 janvier 1700, 28 décembre 1717 ; — B. M. E. 10 janvier 1718, 13 décembre 1771 ; — B. M.
E. 25 janvier 1775, 4 septembre 1791.

XIV. — SAINT-ÉTIENNE (église cathédrale ; jusqu'en août 1791, le service paroissial, très peu important du reste, était fait par le curé de
Saint-Jean). *Un registre* : Baptêmes, mariages, enterrements, 8 août
1791, 30 décembre 1792 (tenu à la commune à dater du 15 décembre
1792) (3).

XV. — SAINT-THOMAS-D'AQUIN (ancienne église des Dominicains,
érigée en paroisse en 1791 et conservée comme paroisse après le réta-

----

(1) La lacune de 1713 à 1740 qui existe ici peut être comblée à l'aide
des registres conservés au greffe du tribunal et dont nous allons parler
plus loin. La municipalité devrait les faire réintégrer à l'Hôtel de ville,
ce qui ne présenterait aucun inconvénient, du moins pour ceux
antérieurs à 1737-38, date à laquelle commence la collection du greffe.

(2) Cette paroisse ne comptait pas plus d'une soixantaine de maisons
au siècle dernier. (Archives départementales de la Haute-Vienne, liasse
1121 du classement provisoire.) L'église était en si mauvais état qu'à
plusieurs reprises, aux xviie et xviiie siècles, le service religieux se fit
dans l'église des Jacobins.

(3) Il fut question, très peu de temps après, de supprimer la paroisse
de Saint-Étienne : la proposition faite à ce sujet par l'Evêque constitutionnel souleva de vives réclamations dans la Cité et dans la Ville.

blissement du culte, sous le nom de Sainte-Marie). *Un registre :* Baptêmes, mariages, enterrements, 7 août 1791, 31 décembre 1792 (tenu à la commune à dater du 25 octobre 1792).

XVI. — Hopital Général (registres tenus par les prêtres du séminaire de la Mission). *Treize registres :* Baptêmes et enterrements, 16 août 1669, 5 avril 1682 ; — B. E. 12 avril 1682, 6 juin 1691 ; — B. E. 7 juin 1691, 22 juin 1698 ; — B. E. 23 juin 1698, 30 avril 1710 ; — B. E. 15 avril 1710, 7 octobre 1723 ; — B. E. 8 octobre 1723, 10 janvier 1738 ; — B. E. 13 janvier 1738, 29 décembre 1749 ; — B. E. 30 décembre 1749, 30 décembre 1757 ; — R. E. 4 janvier 1758, 3 janvier 1768 ; — B. E. 7 janvier 1768, 31 décembre 1775 ; — B. E. 1er janvier 1776, 22 décembre 1783 ; — B. E. 1er janvier 1784, 28 décembre 1789 ; — B. E. 1er janvier 1790, 31 décembre 1792 (tenu à la maison commune à partir du 27 octobre 1792).

III

Les registres paroissiaux déposés à l'Hôtel de ville ont été étudiés par plusieurs personnes : MM. Maurice Ardant, Poyet, Auguste du Boys notamment, y ont fait des recherches et trouvé les éléments de plusieurs intéressantes publications, relatives surtout aux émailleurs, orfèvres et imprimeurs limousins. Ces travaux, même dans leur cadre restreint, sont incomplets, et nombreuses nous paraissent les indications inédites que peuvent encore fournir les « papiers » des anciennes églises sur nos artistes et nos divers corps d'état. Il s'en faut, et de beaucoup, que toutes les parties de cette précieuse mine aient été explorées. Un examen attentif y découvrira d'importants renseignements sur la ville de Limoges, son histoire, son développement successif, son industrie (1), ses grands hommes ; on y recueillera

---

(1) Ainsi le grand nombre d'épingliers, de fabricants de boutons, de passementiers, de tapissiers, de couteliers, de fondeurs, qu'on trouve mentionnés dans les actes du xviiⁿᵉ siècle, prouve l'importance de ces industries dans notre ville et ses faubourgs. Entre 1650 et 1700, on rencontre encore beaucoup de vignerons, dont quelques-uns habitant la Cité ; leur nombre diminue après les grandes gelées de 1681 et 1682, et bientôt on les voit disparaître, même de la banlieue. A plusieurs reprises, notamment dans un acte de Saint-Michel-de-Pistorie du 8 octobre 1682, il est question de « la fabrique de poudres du Moulin royal » dont on fit une fabrique de sabres pendant la période révolutionnaire. Les registres de Saint-Michel-des-Lions mentionnent trois ou quatre fois, vers le milieu du xviiⁿᵉ siècle, la « fabrique de fayencerie » et son directeur, Joseph Massier, etc., etc. On trouve un facteur d'orgues, Jean Dentreygas, en 1772.

de curieuses observations de mœurs, des notes non sans intérêt sur la topographie ancienne, etc.

Nous nous bornerons à citer quelques extraits de ces registres (1) pris au cours de recherches auxquelles nous n'avons pu donner ni assez de temps ni assez de suite.

Dans les livres paroissiaux de Saint-Pierre-du-Queyroix, nous relevons : l'acte de baptême du célèbre lieutenant de police Gabriel Nicolas de La Reynie, qu'on a quelquefois fait naître aux environs de Solignac ou de Saint-Jean-Ligoure ; — la mention de l'enterrement d'un émailleur originaire de la Bavière ; — les actes de baptême d'Etienne de Silhouette, qui fut contrôleur général en 1759 ; — de Joseph-Antoine Gorsas, le futur rédacteur du *Courrier des Départements ;* — du célèbre botaniste Ventenat et du maréchal Bugeaud ; — enfin, l'acte d'abjuration de la fille d'un sculpteur du nom de La Guarie, originaire du Bas-Limousin :

« Le 25 may 1625 a esté baptisé Gabriel fils de sr Jean Nicolas conr et de damoizelle Anthoynette Faure. Parrin sr Gabriel Suduiraud doyen de S. Germain et marrine damoiselle Françoyse Faure. — RAZES, vicaire. »

« Aujourd'huy treizieme novembre 1676, a esté enterré dans le cimitière de St Paul dependant de la parroisse de St Pierre, Melchiol Milher, esmailleur, natif de Baviere, ès presances des soubsignés. — L. MARTIN, vicaire de St Pierre. — COUTAUD. — BARDINET, pnt. »

« Le vingt-cinquième juillet 1709, iay baptisé un garçon né le mesme iour, de Mr Me Arnaud de Silhouette, conseiller du roy, receveur des tailles en l'election de Limoges, et de dame Rose Roffay, son epouse. A esté nommé Estienne et a eu pour parrein Mr Me Estienne Pichon, conseiller du roy, receveur en laditte election, et pour marcine dame Marie Descubes, épouse de Mr Me Jean François Martin de La Bastide, conseiller du roy au siege preal et senal de Limoges, et thrésorier de France en la presente généralité, qui ont signé avec moy. — PICHON. — M. DECUBES DE LABASTIDE. — CHASTAIGNAC, vicaire. »

« L'an de grace mille sept cens vint un, le vintiesme jour du mois de juillet, en presence des temoins soussignez Marie-Marguerite La Guarie fille de La Garie, sculteur, et de Pénille Malliars, ses père et mère, de la ville vicouté de Turenne, âgée de vint-sinq ans environ, ayant

---

(1) Ces extraits ont été en partie publiés par nous dans l'*Almanach Limousin,* années 1868 et 1869.

reconnu que, hors de l'eglise catholique, apostolique et romaine, il n'y a point de salut, a, de sa bonne volonté et sans aucune contrainte, fait profession de la foy catholique, apostolique et romaine, et fait abjuration de l'heresie de Calvin entre mes mains, de laquelle je luy ay donné l'absolution en vertu du pouvoir que M. Morensane, grand vicaire, m'a donné, aussi bien que de la permission dudit curé de la paroisse. En foy de quoy ladite fille, qui a été absous de l'heresie, n'a sceu signer. Ce que pourtant le s^r Rifaterre et s^r Croysier, s^r Valade jeune et s^r Ardant on signé en qualité de temoin, conjointement avecque moy. Fait en l'eglise de Saint-Pierre-du-Queyroix, l'an et jour que dessus. Laquelle et susditte fille a été baptisée sous conditions et a eu pour parain Martial David et pour maraine Marie Echevans (?), et ce en presence des temoins bas nommés. — L. RIFFATERRE, p^{tre} p^{nt}. — S. CROYSIER. p^{bre} p^{nt}. — P. VALADE, pretre. — B. VALADE. — ARDANT. »

« Le vingt-un septembre mille sept cent cinquant'un, j'ay baptisé Antoine, fils de Barthélemi Gorsas, cordonnier, et de Magdeleine Rimbœuf, son epouse, né le meme jour. Le parain a été Antoine Teixier et la maraine Peyronne Rimbœuf, qui ont signé avec moy. — CIBOT, vic. de Saint-Pierre. — PERONE RIMBEUF. — ANTOINE TEISSIER (1). »

« Le premier mars mille sept cent cinquante-sept, j'ai baptisé, dans l'eglise paroissiale de Saint-Pierre, Etienne-Pierre, fils légitime et naturel de Pierre Ventenat et Catherine Dupré, né le même jour. Le parain a été Me Pierre Dupré, procureur au Parlement, qui l'a fait tenir sur les fonts baptismaux par s^r Etienne Dupré, et maraine Jeanne Ventenat de Dubreuil, qui l'a également fait tenir par Anne Rouveix de Ventenat, qui ont signé avec moi. — A. LOMBARDIE, p^{tre} vicaire de Saint-Pierre. — ANNE ROUVEY DE VENTENA. — E. DUPRÉ. »

« Le quinze octobre mille sept cent quatre-vingt-quatre, j'ai baptisé Thomas Robert, né le même jour, fils légitime de messire Jean Ambroise Bujaud, chevalier, seigneur de la Piconerie, et de dame Françoise de Suton de Clonard, dame de la Piconerie, son épouse. A été parrein Mre Robert de Suton, viconte de Clonard, lieutenant des vaissaux du roy, chevalier de l'ordre royal et militaire de St-Louis, et marreine, dame Thomassine Marie de Sutton de Clonard, dame de Grenet. Le parrein a été representé par Mr Louis Letocq et la marreine par D^{elle} Anna Peyrimony, qui ont signé avec moi. — DAYMA, vicaire de Saint-Pierre. — LOUIS LETOCQ. »

A Saint-Pierre fut baptisé un des hommes les plus illustres

que notre ville s'honore d'avoir vu naître : le chancelier d'Aguesseau ; mais le registre qui contenait cet acte de baptême est aujourd'hui perdu. On relève seulement dans les répertoires de la paroisse la mention : « *Henri-François d'Aguesseau, 28 novembre 1668* ».

Nous ajouterons aux extraits que nous venons de donner deux actes copiés par l'abbé Legros sur des registres de Saint-Pierre (et probablement aussi de Saint-Michel), alors en la possession d'un particulier et perdus aujourd'hui. Ces passages permettent de juger de l'acrimonie des disputes religieuses au commencement du XVII° siècle et du peu de sang-froid que gardaient les ministres du culte toutes les fois qu'ils avaient à parler de leurs adversaires :

« Le 8 novembre 1609 a esté porté en l'esglise de S. Pierre, David, fils de Jean La Fosse et de Marsale Gadaud, auquel David j'ai appliqué les saintes huiles et ceremonies du baptême, parce que le-dit David avoit été baptisé au four (1) *par le dimalardier et cornard de ministre Marc*. »

« Le 19 juillet 1617, bien qu'il fut né en la paroisse de S. Pierre, fut baptisé en l'esglise de S. Michel-des-Lions un fils d'un *dimalardier* d'espinglier, qui est fils d'un moine de S. Gérald de Limoges qui s'appeloit Fingue, et fust son parrein un fils de s° Joseph Maran controlleur, et marreine une fille de chez Lombardie, le visage de laquelle est martelé de la veyrolle (2). »

Les registres de Saint-Michel-des-Lions nous fournissent : une note concernant la bénédiction de la grande cloche ; l'acte de baptême du savant abbé Tabaraud ; ceux du grand orateur Vergniaud et du général Beyrand ; les actes d'inhumation du savant Joseph Nadaud et de la première victime des fureurs révolutionnaires à Limoges, l'abbé Chabrol :

« Le mesme iour (18 juillet 1621) a esté benitte la grand cloche de Saint-Michel, a deux heures apres midy, par monseigneur Evesque de Limoges, et pour icelle a esté son parrin M° Michel Martin, président ou siege et marrine dame Catherine Marand, femme du recepveur Mousnier. — J. DEVILLARD (3). »

---

(1) On appelait ainsi le temple fortifié de la Croix-Mandonnaud, ou plutôt de Beauséjour, que démolirent plus tard les écoliers.

(2) Legros : *Abrégé des Annales du Limousin*, feuillet intercalé entre les pages 556 et 557, au séminaire de Limoges.

(3) On a dessiné la cloche en regard, avec la date 1621.

« Le dix septieme avril mil sept cent quarante quatre, a été baptisé dans cette eglise Mathieu Mathurin né cejourdhuy dans la rue du Temple, fils de Leonard Thabaraud, M° tailleur d'habit et de Mlle Gabrielle Mazaureix, son épouse. A été parain Mathieu-Mathurin Thabaraud, fils dud. Léonard Thabaraud, soussigné, et maraine Petronille Thabaraud qui n'a seu signer avec moy. — DUPUY. — MATHIEU-MATHURIN THABARAUD. »

« Le trentun may mille sept cent cinquante-trois, a été baptisé dans cette eglise Pierre Viturnien, fils de s^r Pierre Verniau et de Catherine Baubiat, son épouse, né le même jour, ruë du Clocher. A été parrein Mr Pierre Viturnien Dassier, ancien grefier au bureau des finances de Limoges, et marreine demoiselle Catherine Baubiat, qui ont signés avec moy. — DACHÉ. — BAUBIAT. — LAGENESTE, vic. »

« Le neuvieme septembre mil sept cent soixante-huit a été baptizé Martial, né cejourdhuy à l'hotel Ste Catherine, fils de s^r Guillaume Bayrau, bourgeois et marchand, et de D^{elle} Jeanne Sazerat son épouse. A été parain s^r Martial Joubert et maraine D^{elle} Léonarde Rougerie, grand mere paternelle, qui ont signé avec nous. — LÉONARDE ROGERIE. — JOUBERT. — G. VACQUAND, vicaire. »

« Le six octobre mil sept cent soixante-quinze a été inhumé dans cette eglise Mr Joseph Nadaud, curé de Teijac, agé d'environ soixante-cinq ans, decedé hier, fauxbourg Montmallier. Ont assisté à son inhumation M^{rs} ses parens soussignés. — GERMAIN *l'ainé.* — GERMAIN *cadet.* — SENEMAUD, vicaire. »

« Le seize juillet mil sept cent quatre-vingt-douze a été inhumé au cimitiere des Aresnes sieur Jaque Chabrol pretre agé d'environ quarante ans homicidé le jour d'hier pres la fontaine des Bares, la justice ayant fait le procés verbal et procedé a la levée du corps et requis par ledit sieur Pergaud juge de paix le sieur Cruveilher vicaire de St Michel pour l'inhumation. Presents ont etéz Jean Baptiste Menieux et Jean Baptiste Dangresas qui ont declaré ne savoir signer de ce enquis (*sic*). — CRUVEILHER, vic. »

Nous reproduisons le passage suivant des livres de la même paroisse, à cause des détails topographiques qu'il fournit :

Le Marché du blé ou la Claustre.

« L'Hôtel de ville ayant cedé à M. Romanet du Caillaux l'emplacement du marché au blé appelé la Claustre, situé entre la maison du susd. sieur Romanet du coté du midy et celle de Mr Nicot marchand du coté nord, confrontant au couchant à la maison de Mr Martin de la Plagne qui fait le coin de la rue du Temple et du coté du levant a la place devant leglise de St Martial, le susd. Romanet a fait fermer cet emplacement au mois de septembre de cette année mille sept cent soixante-quinze pour luy servir d'écurie et de remise ; comme led. emplacement avoit été anciennement cedé par le monastere a present chapitre de St Martial à la ville pour faire un marché au blé, led. emplacement se trouve situé dans l'étendue de la paroisse St Michel ; mais comme la maison de M. Romanet est de la paroisse de St Pierre, tandis qu'il ne sera qu'accessoire, il suivra le sort principal, et pour le present, la maison de M. Nicot terminera la paroisse. En cas de changement, la paroisse de St Michel doit rentrer dans ses droits, d'autant mieux qu'autrefois la maison de M. Romanet en dépendoit, et ce n'est que la proximité et le voisinage de St Pierre qui les en a mis en possession. Avant que led. terrain fut fermé, aux jours de Noël, Pasques et la Pentecoste, la procession de St Michel faisoit entièrement le tour de la maison de Mr Romanet comme lad. maison etant située dans l'étendue de la paroisse. Fait le 31 décembre 1775. — MARTIN, curé. »

De Saint-Michel dépend le dépôt de mendicité. Dans cet établissement viennent échouer et finir des existences qui, sans doute, n'avaient pas entrevu de telles perspectives. Ainsi un ancien sous-principal du collège de Tulle, Aimar Meneyrol, y meurt en 1787.

Après les registres de Saint-Pierre et de Saint-Michel, les plus intéressants à parcourir sont assurément ceux de Saint-Maurice. On peut y constater la trace du dernier séjour de Henri IV à Limoges :

« Le 22e octobre 1605, lorsque le roy Henry le Grand estoit à Lymoges, deceda un des Suisses de sa garde, dans la maison de sire Jehan Malavergne ; et fut ensepvely dans le cemittiere de St Maurice. »

Citons quelques passages du papier baptistère de cette paroisse parmi lesquels l'acte de baptême d'un grand savant, Blaise Vauzelle (P. Honoré de Sainte-Marie) :

« Le 13e juillet 1625, Jolivet, maistre horlogeur, né et nourry en l'herezie, se convertit estant malade, et, après avoir esté confessé et absoubs tant de l'heresie que de ses autres pechez, receut reveremment les Sts Sacrementz de l'Eucharistie et de l'Extreme onction — puis revient en santé. »

« Le 13e juillet 1628, fut faicte la benediction des cloches de St Maurice, et en furent parrains : de la grosse, Mr Verthamond, chantre de St Estienne ; marraine, la bru de Mr de Breuil Lavergne ; — parrain de la seconde, Mr Romanet, sieur du Manent et de la Gorce, et marraine la fille du sire Jean Apvril, dit Jandou. — PAUTHUT, curé de St Maurice. »

« Le 25 9bre 1651 fut baptizé Blaise fils de sr Jehan Vaouzelle (1)
et de Catherine Avril. Fust son parrein sr Blaize Ruaud sr du Chasain
et sa marraine Delle Leonarde Colomb femme de sr Pierre Celliere, le...
baptizé né despuys... — N. DEBROA, curé. »

L'ecclésiastique qui a signé une de ces mentions nous a laissé
plus loin l'aveu ingénu de la conduite nullement héroïque qu'il
tint lors de la grande peste de 1631. Durant cette épidémie, une
des plus terribles qui aient désolé la province, les religieux de
Saint-Martial, les Jésuites, les Récollets, le clergé de Saint-
Pierre et de plusieurs autres paroisses, les consuls et la plupart
des magistrats, se signalèrent, au milieu du désarroi général,
par leur dévouement et leur intrépidité. Il n'en fut pas de
même de tous ceux qui devaient donner l'exemple, et dans le
registre de Saint-Maurice commencé le 6 janvier 1629, nous
trouvons cette note :

« Nota que le unziesme juin 1631, a cause de la contagion qui estoit
tant dans ma maison que dans toutes les circonvoisines, je me retiray
a Grandmont, dans ma maison paternelle, et laissay vicaire en ma place
M. Noël Courteix, ptre de la parse lequel n'escrivit aucun baptesme,
mortuaire ny mariage, durant quatre mois et demy, qu'il fist la fonction
de vicaire. — B. PAUTRET, curé de St Maurice. »

Le danger passé, le curé revint à son presbytère :

« Nota que le penultiesme novembre 1631, apres que la contagion
heust quasi cessé a Lymoges, je m'en revins en mon esglise de St Maurice pour y exercer mes fonctions comme curé. »

Le même curé consacre, par une mention spéciale, aux
« papiers » de son église, le souvenir de divers événements de
sa vie privée. Ces registres sont pour lui comme un *memento*
de famille, un livre de raison. Il y a, sans contredit, quelque
chose de touchant dans le sentiment qui dicte ces notes intimes
sans valeur historique, mais non pas sans intérêt pour les
vrais chercheurs. N'est-ce point une preuve de l'union étroite
du pasteur et de la paroisse confiée à ses soins ? On aimerait,
il est vrai, à constater que le bon curé eût affirmé cette union
et resserré ces liens en demeurant au milieu de ses ouailles
à l'heure du péril et en n'abandonnant pas à un vicaire le soin
de les assister durant la peste.

----

(1) On lit indifféremment *Vaouzelle, Vaoisselle* ou *Variszelle*.

Quelques curés de Saint-Maurice ne se bornent pas toujours à une simple mention, quand ils ont à enregistrer l'inhumation d'un personnage considérable ou d'un citoyen de quelque notoriété. Ils consignent dans leurs papiers l'expression de leurs regrets ou leur appréciation sur le caractère, la piété, le talent, le savoir du défunt. Ainsi, en relatant l'enterrement d'un des médecins les plus distingués de notre ville au XVII° siècle, Pierre Avril, mort, à soixante-douze ans, le 13 juin 1675, le curé Borye déclare qu'Avril était « un homme très scavant et très experimenté ». Ailleurs, l'ecclésiastique qui préside aux funérailles témoigne de son amitié pour le défunt et demande des prières pour le repos de cette âme.

Ces registres de Saint-Maurice ont d'ailleurs reçu des notes de toute espèce. Ainsi, au dos du dernier feuillet d'un cahier qui commence au 6 janvier 1611, on lit ce *memento*, déjà signalé, croyons-nous, par l'abbé Nadaud ou l'abbé Legros :

« L'an 1223, les FF. Mineurs vinrent à Limoges s'établir au lieu appelé Menudet, où est à present la Grange Poisllevé paroisse St Christophle. — 3 ans après, St Antoine de Padoue vint à Limoges et se logea au couvent que les FF. Mineurs avaient au canton nommé l'allevezi ou les Coucheres, paroisse St Maurice.

» L'an 1244, les religieux Carmes s'établirent à Limoges. Leur premier logis fut au pont St Martial. L'abbé Pierre de Mileton, seigneur anglois, les fonda au devant la place des Arenes, et mit la première pierre de leur eglise en l'an 1260, au nom et sous les hospices (*sic*) de la Ste Vierge mère de Dieu. — En l'an 1261 St Simon Soc, anglois de nation, mourut à Bourdeaux, aagé de 100 ans, et 3 jours après sa sepulture il fut relevé par l'abondance de ses miracles. Les pères Carmes ont depuis porté a leur couvent de Limoges un os du vertebre dud. saint. »

Saint-Gérald nous fournit quelques actes en latin. Nous n'en avons pas trouvé ailleurs. — Les lignes suivantes, que nous cueillons dans les registres de la paroisse de Saint Cessateur, ont un parfum de naïveté qu'on trouvera peut-être un peu fort :

« Le 5° janvier 1690 a esté baptisé dans nostre eglise de St Aurélien, Mathieu, fils illégitime de Marie Fanton, sa mère, dont le père est inconnu. On a pourtant dit que c'estoit Blaise Geneste que la mère accusoit. »

A propos de Saint-Cessateur, rappelons que Saint-Aurélien ne fut jamais, comme on le répète souvent, la *paroisse* de la Boucherie. Le quartier dépendait de Saint-Michel-des-Lions avant 1789. Saint-Aurélien n'était qu'une annexe *intra muros*, de Saint-Cessateur, et la circonscription de cette dernière paroisse ne comprenait qu'un petit nombre de maisons, toutes situées hors des murailles.

Les registres de Saint-Domnolet nous donnent l'acte de baptême du maréchal Jourdan, et diverses notes concernant l'église :

« Le trente av. mille sept cent soixante deux, j'ai baptisé un garçon né hyer, de Mʳ Roch Jourdan, maître chirurgien juré de cette ville, et de Dᵉˡˡᵉ Jeanne Foreau Franciquet, son épouse. Le nom de Jean Baptiste lui a été donné par messire Jean-Baptiste Dorat, écuyer, secrétaire du roi, premier président de la Cour présidiale de cette ville, et Dᵉˡˡᵉ Marie-Catherine Chablard, veuve de feu M. Foreau Franciquet, aussi maître chirurgien, qui ont signé avec moi. — DORAT. - - Vᵉ FRANCIQUET. - - HUGON, curé de Sᵗ Domnolet. »

« ... La même année (1785) les quatre vitraux de l'église ont été rétablis et les six petits faits à neuf. Le gendre de la veuve Marchas, dit Piaulette, a fait l'ouvrage. Il en a coûté 40 L... Cette même année, il a été bâti une maison neuve vis à vis de celle du Migᵗ et, vis à vis du petit chemin qui va au Maroume. - - MURET, curé de Sᵗ Domnolet. »

Le général *mareleau* Dumoulin est-il un mythe? Plusieurs écrivains limousins ont exprimé des doutes non sur la réalité de l'existence d'un soldat de ce nom, mais sur son origine limousine. Nous avons voulu élucider ce facile problème, et au registre de Saint-Domnolet nous avons trouvé l'acte suivant :

« Le dix-septiesme janvier mille sept cent souaxante huit a été baptizé dans cette eglise par moi soussigné, Charles, né d'hier, fils de François Dumoulin, aubergiste, et de Marie Parjadis son épouse. Le parrein a été Charles Roufis et la marreine Catherine Caucaud qui ont signé avec moi. - - MURET, curé de Sᵗ Domnolet. -- CHARLES ROUFIS. -- CATHERINE CANAUD. »

Cet acte, qui du reste porte la trace de corrections postérieures à sa rédaction, concorde avec la mention des états de services du comte Dumoulin, « fils de François et de Marie Parjadis, né le 16 janvier 1768 ».

Le Naveix, ou plutôt l'Abbessaille, a donc eu son général, et il reste constant que Dumoulin (le ministère de la Guerre écrit à tort Dumoulins), décédé à Strasbourg, le 17 octobre 1817, était bien le fils de l'hôtelier du *Coq Hardi*. Mais, si nous avons à confirmer la tradition sur ce point, nous devons ajouter que les états de services du lieutenant général Dumoulin, mort grand-officier de la Légion-d'Honneur, commandeur de Saint-Louis, et comte de création royale (17 août 1822 — baron du 12 février 1817), démentent absolument la plupart des légendes attachées à son nom. Il n'est pas vrai, notamment, qu'il soit parti avec les bataillons de la Haute-Vienne. Il paraît qu'il habitait la capitale au moment où il entra, comme lieutenant, aux grenadiers du bataillon de Paris, le 15 avril 1793; le 1ᵉʳ octobre, il était chef de bataillon. Suspendu le 13 novembre 1791, réintégré deux mois après, suspendu de nouveau et mis en état d'arrestation par ordre d'un représentant du peuple le 31 mars 1795, il passa six mois en prison. Replacé, il devient chef de brigade le 23 mars 1798 et peu de jours après aide-de-camp du général Brune. Général de brigade le 6 janvier 1800, il fut mis à la tête de la cavalerie de la réserve, à l'armée d'Italie, et exerça plusieurs commandements tant à l'intérieur qu'aux armées. Il comptait vingt campagnes et trois blessures et venait d'être promu lieutenant général lorsqu'il fut mis à la retraite le 18 juillet 1830. Chef de brigade et dès 1798 employé dans l'arme de la cavalerie, Dumoulin n'a pu jouer, comme simple grenadier, le rôle qu'on lui prête dans la journée du 18 brumaire. Mais il est très possible qu'il y ait pris part; car il est disponible à partir du 20 septembre 1799, et moins de deux mois après le coup d'Etat, le 6 janvier 1800, il est nommé général de brigade.

Ce passage d'un registre de Saint-Paul peut donner une idée de l'affluence des mendiants qui se pressaient aux grandes distributions d'aumônes faites par nos monastères :

« Le 28ᵉ avril 1699, a été enterré dans notre cemitière François Ribière, appelé Chopine, natif de la paroisse du Palais, aagé d'environ 10 à 12 ans, qui fut étouffé dans la multitude de pauvres à l'aumosne generale qu'on avoit fait le iour precedent dans la place sous les arbres. »

Aux papiers de la petite paroisse de Saint-Michel-de-Pistorie nous empruntons l'acte d'inhumation du comédien-antiquaire Beaumesnil, dont la veuve mourut à Limoges, peu de mois après son mari, et dans la même année :

« Le vingt-huit mars mil sept cent quatre-vingt-sept a été inhumé dans le cimitière M. Pierre de la Ruette de Beaumenil corespondant de l'Académie, natif de Paris, paroisse Sᵗ Jacque-la-Boucherie, epoux de son vivant, de Melle Irenee (?) Garlin, native de Paris, paroisse de St Sulpice, décédé hier à cinq heures du soir dans la maison du s^r Castelnaud (?) présente paroisse, âgé de soixante-neuf ans, muni du sacrement de pénitance par Mr Vitrac, curé de Montjovis, qui a signé avec les soussignés de ce requis. — Coste, curé de St Michel-de-Pistorie. — Vitrac, curé de Montjovy. — Nouhalier. — Un 1^r nom illisible. »

Saint-Christophe ne nous fournit qu'un petit nombre de notes relatives aux usages de cette ancienne paroisse ; nous en extrayons une, relevée sur un registre de 1725 :

« Note que les chanoines de la Cathédrale viennent pour St Jacques le mercredi de la première semaine de Carême à la chapelle de St Jammet et y font allumer des cierges dans cette chapelle. Ils viennent aussi pour la St Christophe le lundi de la 2e semaine et font allumer des cierges au maître autel. »

Les registres de l'hôpital étaient tenus avec assez de soin par les prêtres de la Mission chargés de desservir l'établissement. Les indications des actes qu'ils renferment sont en général fort succinctes ; on y trouve cependant quelques notes à signaler. Sans parler d'un certain nombre d'abjurations de protestants, faites dans des circonstances et à des dates qui peuvent leur donner un certain intérêt, on y relève de fréquentes mentions des corps de troupes de passage ou en garnison à Limoges, et on y rencontre quelques noms d'étrangers : ceux fort défigurés de plusieurs « Ybernois », d'Italiens, tels que « Jean Saboutin de la ville de Rome et de la paroisse de Sainte-Marie au-delà du Tibre ». Deux ou trois actes offrent des noms historiques. Ainsi celui d'un « Persil, gentilhomme anglois, » qui pourrait bien appartenir à l'illustre famille des Percy.

Ailleurs, on est arrêté par des passages qui ont toutes les allures d'un premier chapitre de roman :

« Le 17e jour du mois de novembre de 1691, en la chapelle de St Alexis de l'Hospital général, a esté apportée une fille, âgée de huit jours, par deux cavaliers inconnus... »

Hélas ! les expositions sont fréquentes, et le nombre d'enfants trouvés que signalent ces registres est vraiment énorme. Malgré l'amélioration apportée à la condition de ces malheureuses créatures par l'établissement de l'Hôpital général, on constate qu'une effroyable mortalité sévit encore sur cette catégorie si intéressante des victimes du vice et de la misère. Dans les mauvaises années du xviii° siècle, nous avons relevé, pour certains mois, jusqu'à vingt-cinq et même à vingt-huit décès d'enfants trouvés.

IV

Plusieurs écrivains du pays ont fait naître Mademoiselle de Sombreuil à Limoges, dans une maison de la rue Pennevayre, sur le territoire de la paroisse de Saint-Michel-des-Lions. L'*Almanach limousin* de 1865 notamment a reproduit cette indication. Nos recherches dans les registres paroissiaux nous ont prouvé que le renseignement était inexact : ceux de Saint-Michel, pas plus que ceux des autres églises de la Ville et de la Cité, ne contiennent d'actes concernant soit M. de Sombreuil, alors commandant des troupes de la province, soit ses enfants.

L'héroïne de la piété filiale avait pour mère une demoiselle Des Flottes, fille du seigneur de l'Eychoisier, près Bonnat : cette dernière paraît avoir passé dans sa famille une grande partie du temps qui s'écoula entre l'époque de son mariage et celle du départ de son mari, appelé au bout de peu d'années à un commandement plus important. C'est donc dans les papiers paroissiaux de Bonnat, où d'autres auteurs plaçaient le lieu de naissance de Mlle de Sombreuil, que nous avons dû chercher la solution de cette petite question historique. Ils nous ont fourni en effet plusieurs actes relatifs à cette famille, dont tous les membres figurent dans les fastes sanglants de la Révolution, et surtout les actes de baptême des trois enfants issus du mariage de M. de Sombreuil et de Mlle Des Flottes : Jeanne-Jacques-Marianne-Françoise, dite Maurille; François-Antoine-Ladislas et Charles-Eugène-Gabriel. — On sait que ce dernier, une des plus nobles victimes de la guerre civile, fut fait prisonnier à Quiberon le 21 juillet 1795, et quelques jours après fusillé dans les landes d'Auray, sur les bords du Loch, avec un grand nombre de ses malheureux compagnons d'armes. — François-Antoine-Ladislas, moins connu que son frère Charles, suivit la carrière militaire, et mourut sur l'échafaud, pendant la Terreur. Il était né le 23 septembre 1768 et avait été baptisé à Bonnat le 31 décembre suivant. Il était filleul du fameux comte de Berchiny — ce nom est écrit Bercheny sur nos registres.

Nous donnons ci-dessous le texte de l'acte de mariage de M. de Sombreuil père avec Mlle Des Flottes et des actes de baptême de Charles de Sombreuil et de sa sœur :

« L'an mil sept cent soixante-six et le onze décembre, après la publication d'un ban faite en l'église de St Michel-des-Lions, d'un seul ban (*sic*) du mariage futur entre messire François Charles Viran, chevalier, seigneur de Sombreuil, brigadier des armées du roi et colonel commandant du régiment de Bercheny-Hussard, fils de défunt Noel Viran, chevalier, seigneur de Sombreuil, et de défunte dame Marianne Rochin, de la ville d'Huningue en Alsace, d'une part, — et demoiselle Marie-Magdeleine Des Flottes, fille de messire Joseph-Clément Des Flottes, écuyer, seigneur de Leychoisier et de Bonnat, et de dame Marie-Anne-Françoise Desmarais, ses père et mère, tous habitants de la paroisse de St Michel-des-Lions ; vu le congé de M. le curé, signé : De Fressanges, ensemble la dispense des deux autres bans, les ay fiancés selon la permission de monseigneur l'Evêque de Limoges, conjoins en mariage, le tout solennellement, et donné la bénédiction nuptiale es présences de messire Joseph-Clément Des Flottes, père de l'épouse, de Jean-François Renaudin, chevalier, seigneur de Puynege, de Joseph du Cirier, laquais de M. de Leychoisier et de Nicolas Houpert, laquais de M. de Sombreuil, qui ont signé avec moy, excepté le sr Ducirier qui a déclaré ne savoir signer. — REGNAUDIN. — DESFLOTTES DE LEYCHOISIER. — VIRAUD DE SOMBREUIL. — NICOLAS HOUPERT. — TEULLIER, curé de Bonnat. — MARIE-MAGDELEINE DEFLOTTE DE LEYCHOISIER. »

« L'an mil sept cent soixante-huit et le quatorze février a été baptisée demoiselle Jeanne-Jacques-Marianne-Françoise Viraud, fille de messire Charles-François Viraud, chevalier, seigneur de Sombreuil, brigadier des armées du Roi, colonel commandant le régiment des hussards de Bercheny, et de dame Marie-Magdeleine Des Flottes de Leychoisier, sa femme, *née au château de Leychoisier*, et a été portée sur les fonds de baptême par messire Charles-François de Villelume, chevalier, seigneur de Chamboret, lieutenant dans le regt des grenadiers de France, au nom et place de messire Jean-Jacques Maurille Michaud, chevalier, seigneur de Montaran, conseiller du roi en son grand conseil et intendant du commerce à Paris, en vertu de l'acte de sa procuration en datte du vingt-neuf decembre mil sept cens soixante sept, et par dame Marie-Anne-Françoise Desmarais de Leychoisier, grand mère de l'enfant, qui ont signé avec moi. — TEULLIER, curé de Bonnat. — DESMARAIS DE LEYCHOISIER. — VILLELUME. »

« L'an mil sept cent soixante-dix et le onze jullict, a été baptisé Charles-Eugène-Gabriel, fils de messire Charles-François Viraud, chevalier, seigneur de Sombreuil, maréchal des camps et armées du Roi et de dame Marie-Magdeleine Desflottes de Leychoisier, ses père et mère, né le même jour au château de Leychoisier. A été tenu sur les fonds baplismaux par messire Joseph-Clément Desflottes, écuyer, seigneur de Leychoisier et de Bonnat, son grand père, au nom et place de haut et puissant seigneur messire Charles-Eugène-Gabriel de La Croix, marquis de Castries, chevalier des ordres du roi, lieutenant général de ses armées, mestre de camp général de la cavalerie de France, général de la gendarmerie, gouverneur de Montpelier et lieutenant de roi du Lionnois et Forest, et par demoiselle Marie-Anne Des Flottes de Leychoisier, sa tante, qui ont signé avec moi. — TEULLIER, curé de Bonnat. DESFLOTTES DE LEYCHOISIER. — MARIE DESFLOTTES DE BONNAT. »

On voit que la date de la naissance de Mlle de Sombreuil n'est pas indiquée à l'acte de baptême qui la concerne. Nous avons relevé nous même cette omission sur le double du registre conservé au greffe du tribunal civil de Limoges : on nous affirme qu'elle existe aussi à l'original que possède la mairie de Bonnat. Plusieurs indices, la date, par exemple, de la procuration envoyée par M. Montaran (29 décembre 1767) et celle de la naissance du frère cadet de l'héroïne (23 septembre 1768) tendent à établir que celle-ci est née dans les derniers mois de 1767.

A l'exemple de M. Martial Audoin (*Hommes illustres du limousin*, art. SOMBREUIL), certains biographes reportent à l'année 1774 la naissance de celle qui devait être la comtesse de Villelume, et dont la grâce, les vertus, la charité, ont laissé en Limousin un si touchant souvenir. Une différence de six ans entre la date indiquée par eux et celle de l'acte de baptême cité plus haut, et le fait de l'omission, à ce document, du prénom de Maurille, sous lequel l'histoire connaît Mlle de Sombreuil, nous avait un instant inspiré des doutes et amené à rechercher si, du mariage de M. de Sombreuil et de Mlle Des Flottes, n'étaient pas issues deux filles; mais nous n'avons découvert ni pièce ni indice qui autorisent cette hypothèse. Les registres paroissiaux de Bonnat et ceux de Limoges ne fournissent aucune trace de la naissance d'une seconde fille de François-Charles Viraud de Sombreuil, non plus que de la mort, en bas âge, de l'enfant baptisée le 14 février 1768. Les biographies, les nobiliaires, les archives de famille, s'accordent à attester que M. de Sombreuil n'eut pas plus de trois enfants de son mariage avec Mlle Des Flottes. Si l'acte reproduit par nous ne donne pas à la future héroïne de l'Abbaye le prénom sous lequel elle est généralement désignée, il convient de ne point exagérer l'importance d'une omission dont on peut, dans chaque famille, citer des exemples à toutes les époques. Il est possible que, le nom de Maurille ne figurant pas au calendrier, le curé de Bonnat n'ait pas cru devoir l'inscrire. Mais il faut remarquer que ce prénom est porté par le parrain, et ce prénom semble assez peu commun pour qu'on ne soit pas autorisé sans preuve à l'attribuer au parrain ou à la marraine d'un quatrième enfant dont rien n'a jusqu'ici dénoté l'existence.

De tout ce qui précède il nous semble impossible de ne pas conclure que l'acte de baptême fourni par le registre de Bonnat est bien celui de Maurille de Sombreuil.

Beaucoup d'erreurs ont du reste été commises au sujet de cette famille : ainsi le *Guide de l'Étranger* fait naître Charles et Antoine de Sombreuil en 1776 et 1778 (au lieu de 1768 et 1770). Le *Nobiliaire* de la généralité de Limoges donne, comme date du mariage de leur père, le 5 décembre 1766 (au lieu du 11). Nous pourrions relever bien d'autres inexactitudes de ce genre ; mais ces rectifications, sans grand intérêt historique, nous entraîneraient trop loin de notre sujet.

V

Les couvertures et les feuilles de garde des anciens registres paroissiaux, les pages laissées en blanc soit au commencement soit à la fin de certains cahiers, ont appelé d'une façon toute spéciale notre attention. Dans les notes qui les couvrent, on trouve un peu de tout. Ce sont, tantôt des indications relatives à des dépenses toutes privées, tantôt un memento concernant soit la délimitation de deux paroisses, soit une question de droit, d'honoraires, de préséance, etc. — Un registre de Saint-Jean donne la recette d'un remède « souverain » contre la paralysie et les rhumatismes ; un autre, le relevé bien incomplet des noms des pasteurs qui ont administré la paroisse :

Barthélemy Noël, 1392 ; B. Lamotha, 1461, Antoine Molin, 1465 ; Antoine Dupeyrat, 1482 ; Jean Bonnet, 1487 ; Jean Teulier, 1506 ; Pierre Faucher, 1515 ; Martial Dubouheir (*sic*), 1551 ; Jean de La Roche, dit Vouzelle, 1579 ; Jean Bandel, 1609 ; François Mailhot, 1632 ; Léonard Second, 1676 ; Jean Faugères, 1686 ; Pierre Martin, 1700 ;... Dupré, 1701 ; Paul Chabodie, 1706 ; François Ardant (curé à Montjovis), 3 m. ; Pierre Ardant, frère du précédant, et aussi mort curé de Montjovis, 1732 ; Joseph Gery, 1711 ; Jean-Baptiste Juge de Saint-Martin, 1776 ; Joseph Ragot, reçu 13 août 1779.

Un livre provenant de Saint-Maurice, et renfermant des actes de 1649 à 1661, conserve l'inventaire de la bibliothèque du curé Nicolas Debroa: Dans ce catalogue, qui comprend cent vingt-sept articles, figurent des ouvrages de Robert Estienne, des relations de voyage, des livres d'histoire et de littérature qui témoignent de l'instruction variée de cet ecclésiastique, tout au moins de son goût pour la lecture.

Plusieurs des cahiers de Saint-Domnolet portent des notes relatives au classement de ces registres, aux lacunes qu'ils présentent, à la négligence ou au désordre de certains curés. Ainsi on nous apprend qu'à la mort de M. Duprat, curé de Saint-Domnolet, décédé le 4 décembre 1724, « il y avoit dans les chambres et greniers des coffres d'une grandeur énorme, remplis de cèdes de notaires et de sacs de procureurs ». Ces coffres, dont les héritiers prirent possession, renfermaient, selon toute apparence, des livres paroissiaux qui ne furent pas rendus à l'église. — En effet, on constate dans cette collection l'absence presque complète de documents entre 1707 et 1722. Un autre curé de Saint-Domnolet écrit sur la couverture d'un cahier :
« Ces registres, avec plusieurs feuilles volantes, m'ont été remis
» à la mort de M. de La Mothe, chanoine de Saint-Étienne, cy
» devant curé de Saint-Domnolet, décédé il y a environ deux ans.
» On m'a remis en même temps quelques titres de la cure, avec
» l'ancien livre de la frérie des Trépassés. J'avois demandé à
» M. de La Mothe, des milliers de fois, qu'il vît si parmi ses
» papiers il ne s'en trouvoit pas quelqu'un appartenant à la
» paroisse de Saint-Domnolet. Il me répondoit toujours qu'il
» n'en avoit pas, et quand je revenois à la charge de loin en
» loin, il se mettoit de mauvaise humeur. »

Il faut reconnaître que la tenue des *papiers* paroissiaux laissait beaucoup à désirer, en dépit des recommandations des évêques, et malgré les mesures prises par l'autorité civile. Les registres renferment jusque vers le milieu du xviii° siècle beaucoup d'inexactitudes, de transpositions et d'irrégularités, sans parler des omissions. Les plus anciens que nous ayons, ceux de Saint-Pierre, donnent les actes de 1585, 1586 et 1587 dans un désordre dont on ne peut s'expliquer les causes. Plusieurs curés paraissent toutefois avoir apporté un soin louable à tenir eux-mêmes ou à surveiller la tenue de ces cahiers : parmi eux, M. Juge, curé de Saint-Pierre dans le second tiers du xvii° siècle, et M. Borye, curé de Saint-Maurice à la même époque, méritent une mention toute spéciale. Ce dernier met cette note à la fin d'un cahier qui se termine en 1682 : « Celuy entre les mains duquel sera ce livre après ma mort est supplié de prier Dieu pour moy, pour la peine que j'ay prise a l'escrire avec tant de soin et d'exactitude ».

On sait que des conférences ecclésiastiques avaient été instituées dans notre ville au commencement du xviiᵉ siècle, sous l'inspiration de Bardon de Brun. Quelques prêtres tentèrent, en 1660, d'établir des réunions périodiques où les curés de Limoges et des faubourgs s'entendraient sur la conduite à tenir dans certaines éventualités, sur les affaires d'intérêt commun, et s'occuperaient de l'instruction de leurs paroissiens, du soulagement des pauvres, de toutes les questions relatives à l'utilité spirituelle et temporelle de leurs églises. La première de ces réunions fut tenue le 10 janvier 1661. Etaient présents : François Juge, curé de Saint-Pierre, Jean Goudin, prieur-curé de Saint-Aurélien, Nicolas Debroa, curé de Saint-Maurice, François de Villemonteys, curé de Saint-Domnolet, Guillaume Cibot, curé de Saint-Christophe, Siméon Lascare, curé de Saint-Michel de Pistorie, et N. Teyteix, curé de Saint-Paul, etc. Il fut décidé qu'on s'assemblerait tous les quinze jours, le lundi, d'une heure à deux, dans la maison curiale de Saint-Pierre. Le procès-verbal de cette première réunion et ceux des conférences des 17 janvier, 31 janvier et 14 février se trouvent à la fin d'une table-répertoire de cette paroisse. Cette tentative, bien qu'elle eût été encouragée par l'Evêché, paraît avoir eu peu de succès. Les curés de Saint-Michel et de plusieurs autres paroisses s'abstinrent de répondre à la convocation qui leur avait été adressée. Le nombre des ecclésiastiques présents aux trois dernières réunions est insignifiant. On arrêta pourtant quelques mesures dans ces conférences : signalons, dans le nombre, l'adoption du *Rituel* romain récemment imprimé à Toulouse, celui du diocèse étant devenu fort rare ; l'interdiction d'admettre, comme parrains, des enfants âgés de moins de douze ans et n'ayant pas fait la première communion, — de distribuer, lors des baptêmes, des aumônes dans l'intérieur des églises, etc.

Un certain nombre de registres de Saint-Pierre sont couverts de feuilles de parchemin qui semblent provenir d'un ouvrage de droit ecclésiastique ; une de ces feuilles, celle qui entoure le registre des baptêmes commençant au 2 mai 1622, présente plusieurs majuscules enluminées d'une écriture du xivᵉ ou du

xv° siècle et ornées d'animaux fantastiques d'un dessin assez original. Quelques registres de Saint-Gérald sont garantis par
les feuillets d'un vieux traité manuscrit de médecine. Un cahier
de la même paroisse a pour couverture la moitié d'un placard
annonçant la soutenance, au couvent des Dominicains de
Limoges, le 27 mars 1650, à deux heures, de thèses de philo-
sophie et de théologie par Balthazar Volondat, de Limoges, et
Antoine Texier, de Grandmont. Cette affiche porte la mention :
Lemovicis, apud Martialem CHAPOULAUD, *typographum, et
bibliopolam, ante Collegium.*

Mais de toutes les couvertures de registres que nous avons
examinées à l'Hôtel de ville, celle d'un cahier contenant les
actes de baptêmes de Saint-Pierre, du 2 mai 1623 au 13 décembre de la même année, nous a paru de beaucoup la plus
intéressante. C'est une grande feuille de parchemin, écrite en
long, et couverte, d'un côté seulement, d'une belle écriture
du xiii° siècle, se rapprochant de celle usitée au xii° : nous y
avons reconnu un fragment, en langue romane, d'un relevé
de rentes dues soit en vertu de dons, soit en vertu d'acquisitions
à la confrérie de Saint-Martial-de-la-Courtine. Ce texte nous a
paru mériter d'être publié. Nous en reproduisons fidèlement et
les dispositions et la ponctuation :

« ... En las maijos Rothert Bru clerc (1) xv sl. c. i. (?) [d.] R. anadal. c ala
S. J. — *a lestane* [Hi sunt (?) reditus confratrie Sci Marcialis de cortina].
En la maijo. B. Marteu de lestane. x. sl. Redens anadal. c. ala. S. J. c.
i. d. de senhoria. R. a la festa. de. S. Marsal. chascuc an. c. xij. d.
dachap^t. En la maijo. p. de pratlis, v;. sl. R. anadal. c ala. S. J. En las
maijos. J. Brugeirol de Lasvaus daigolena. vj. d. R. ala S. J. p^r agnes
gascona cret los Jaufres dauriac :/.

» *A la petra (?) alboi.* Douet larsideagues Maestre guis. ix sol. R.
anadal. c ala S. J. Am la senhoria. c. xij. d. dachap^t. en las maijos aus
verdiers. c. A. deu clauzeus sos frair autrect los.

» *En banclatgier.* En la maijo Laurens teichier. qui fo. 3. Mathieu.
iiij. sl. anadal. c. ala S. J. -- *En manania*

» En la maijo. P. rocha. E en la maijo alagolfieira. qui foren. P.
Gautier sobre lo porz de la porta manhania. ii. sl. R. anadal c ala. S. J.
En la maijo ala fontanela. xii. d. R. anadal c ala. S. J:/. En la maijo
aus peironaus compreren. li cofrair S. Marsal. xx. c vi. sl. R. anadal. c

____

(1) Les mots soulignés sont écrits à l'encre rouge.

ala. S. J. e. ii. sl. dachap^t. De naucher Itier. Eu solar de iosta la maijo.
G. dalbi. qui fo. p. Auzelet. iii. sl. R. anadal. e ala. S. J. que donet eu
bertolmieu. gautiers. — *En veilha moneda*

» En la maiio. B. Audoi qui fo bardo. viii. sl. R. anadal e ala. S. J. Am
lautreamen .leus vigiers. de cui muon. — *fors la porta de bocharia*

» En lort hymbert berlan qui es entre las doas vilas. x. sl. R. ala s^ta
crotz. de cetembre :/. En las maijos aus giroartz de bocharia lasotrana.
iii. sl. R. anadal e ala S. J. En laborda; J. duret. xii. d. R. ala S. J. que
donet la fila hel. Alcaire. q. fo molher. p. de rialhac :/. En la maijo.
Aimar de lert. qui fo balare. vi. d. R. ala S. J. que donet. W. Amiel.
Au qairoi

» En la maijo aupeichonier. ii. sl. R. ala S. J. — *En la rua S.
Nicholau*

» En la rua. S. Nicholau. xxx. iii. sl. R. anadal. e ala. S. J. deu-
tronchet. ii. sl. R. anadal. e ala. S. J. en la soa maijo. q^l fo. J. de
Plesque. En .a maijo pren pauza. qui fo Nicholau godart. iii. sl. R.
anadal. e ala. S. J. e la senhoria daquela maijo e delas autras doas. de
iosta. en totas. iii. avem. xij. d. dachap^t. — *En la fauria*

» En la maijo chatalac. qui fo B. clebre. xl. d. R. a la S. marsal. de
nvembre. — *A la porta*

» En la maijo. aimar astai. qui fo. p. lorzes. iiii. sl. R. Ala. S. J. ena
maria de manhania donet los. — *En fon grauleu*

» En la maiio alapinardota. vi. sl. R. in conversione sci pauli. — *En
Crocha dos.*

» En crocha dos donet la dona thomassa. vi. d. R. en la maijo. Ugo
de dompnho aquintodecimo. — *Au fossat*

» En la maijo Maestre. p. larocha. ii. sl. R. anadal. e ala. S. J. —*fors
la porta monmelier*

» En las maijos p. tifart, qui foren Vgo davi. iii. sl. R. anadal. e ala.
S. J. en las maijos. S. Afilat. iii. sl. R. anadal. e ala. S. J. Euforn. B. de
sosmanhas. xvii. sl. e ii. d. R. Anadal. e ala. S. J. e la senhoria. Li
cofrair. S. marsal compreren. de. hel. deupeirat. xvi. d. R. e doas copas.
de fromen dotzenas. e la senhoria. Eufornil. B. de rialhac. i. d. R. e iii.
d. dachap^t. e mais que compreren. xv. sl. R. en aquex meeis fornil
Joana guichieira M. B. e. iii. Ms d'achap^t. Peironela guichieira. M. R.
e. iii. Ms d'achap^t. Euforn. p. deu temple. ii. d: R. e ii. d. dachap^t.
Joana la claustra. vi. d. R. Et v. sl. In purificacione be Marie e. ii. d.
dachap^t. Costautis. iiii. sl. R. anadal. et ala. S. J. p^r J. Boti. e. ii. d.
dachap^t lasuzanna. ii. d. R. e. ii. d. dachap^t. — *Eu chasteu.* En la maijo
atoficial. vi. d. R. ala. S. J. que donet. hel. de solomnhac./.

» En la maiio. W. de. S. hylari. ii. sl. R. anadal. e ala S. J. que
donet bonifassas loprestres. »

On peut, dans ce texte, noter plus d'une indication utile
pour l'étude de l'ancien Limoges. Nous y relevons les noms de
plusieurs quartiers ou rues : Pierre-au-Bois, Banléger, Manigne,

Vieille-Monnaie, le Queyroix, Cruchedor, Fourie, Saint-Nicolas, Fontgroleu, le Fossé (1). Il y est fait mention des portes Boucherie, Manigne, Montmailler. On y trouve le nom d'Aigoulène : cette mention rapprochée de celle de « l'Etang », donnerait à penser que le document ci-dessus est postérieur à 1211, époque à laquelle furent creusés les étangs de la place de la Motte, dont l'eau était et est encore alimentée par la fontaine d'Aigoulène. Si « l'archidiacre Gui » dont il y est également parlé était Gui Barbarot, qui vivait en 1228, ou Gui Aubert, mort vers 1230, il demeurerait établi que la pièce n'est pas antérieure à 1245. Mais on peut objecter que notre liste des archidiacres est fort incomplète, et que d'autres probablement, avant Gui Barbarot et Gui Aubert, ont porté le même prénom ; que la conduite de la fontaine d'Aigoulène à Limoges est très certainement antérieure au XIIIᵉ siècle ; qu'avant l'établissement des bassins de la place de la Motte, d'autres étangs existaient au pied des murs du château, — à Palvézy par exemple, et au-dessus du bourg de Saint-Martin, sur les terrains actuel de l'hôtel de la Banque

----

(1) On rapprochera utilement de cette pièce un autre document de même espèce, conservé dans le plus ancien volume (A) de nos Registres Consulaires. Ce relevé forme un petit cahier in-8° de huit feuillets de parchemin, cotés 14 à 21 et commençant par ces mots : *Aiso sun las rendas de las cheiras.* Son écriture et sa rédaction sont un peu différentes de celles du fragment ci-dessus et ne semblent pas toutefois postérieures à la première moitié du XIIIᵉ siècle. On y trouve aussi des indications topographiques d'un assez grand intérêt. Relevons les suivantes : *En Bocheira Veila, — en Veila Moneda, — en rua Filo, — à S. Martieu, au borc e d'enviro, — a la porta de Mairubou, — l'aigleija S. Nicholau, — au pol deu Carrol, — S. P. deu Carrol, — en la Fauria, — a la tor de la Sigonia, — en Manania, — a la porta de Manania, — lo prat aus Templiers, — Vilar de S. Michel en Pestoria, — en Veil Merchat, — a la peira Albol, — en Baxangier, a la porta de Baxalgiers, — fors la porta de Lansacot, — joslau Virdier (?) aus Ambazac, — a font Charlet, — fors la porta Pischavacha, — a S. Lazer, — en la Ciplat, — au gras deu Cairol, — a S. Michel de Pistoria, — au pon Airisso, — la Charreira a las Tozas, sos lo portal Narbert, — la Maijo deu Broil, — en Polsa, — au chap deu banc deves lo Merchat, — en fon Graleu (un peu plus loin Crauleu), — au Cairol de Lansacol, — a Aigolena, — a la porta de Larena, Vilar de tras leyleija de Larena, — a Mon Jauvi, — A Mon Melier, — fors la porta Mon Melier, — a la font G. Trait, — en las Combas, — sos l'almosna S. Marsal, — a font Jaumar, en beu Veer, — a font Cerveira, — a la Taulas, — devan lo portal S. Marsal, — a Bahalaria — ostrau pont S. Marsal.*

de France et de la maison des sœurs de Charité de Saint-Pierre,
— peut-être même à l'intérieur de la ville, puisque la tradition
rapporte que l'emplacement du marché des Bancs a été jadis
occupé par un étang. Il serait donc possible que le fragment
reproduit plus haut fût antérieur à 1215 : ce que semble du
reste indiquer l'écriture. Toutefois on ne saurait le faire
remonter au-delà de 1182, puisqu'il mentionne les portes de
Manigne et de Boucherie, et qu'à cette date seulement ces deux
quartiers furent englobés dans la ceinture fortifiée du Château.

VI

Revenons aux registres paroissiaux eux-mêmes. Nous avons
vu que le Conseil général de la commune avait délégué, le
21 octobre 1792, trois commissaires pour l'exécution de la loi
du 20 septembre sur la tenue des registres de l'état civil, loi
publiée le 21 octobre seulement à Limoges. Un de ces commissaires fut chargé de remplir les fonctions d'officier de l'état
civil pour le territoire de la paroisse de Saint-Pierre ; le second
eut pour circonscription la paroisse de Saint-Michel ; au troisième furent assignées, avec la paroisse de Saint-Thomas-
d'Aquin, celles de la Cathédrale et l'Hospice. Ce dernier lot
était de beaucoup le plus lourd : aussi fut-on bientôt obligé de
nommer un adjoint au commissaire de Saint-Thomas. Jusqu'au
31 décembre, les actes continuèrent à être inscrits sur les
anciens registres des paroisses de Saint-Pierre, Saint-Michel,
Saint-Thomas, Saint-Étienne et ceux de l'Hôpital. — Il faut
remarquer que les registres de la Cathédrale demeurèrent
jusqu'au 15 décembre entre les mains du clergé constitutionnel ;
à cette date seulement ils furent transportés à la maison commune et tenus par l'officier municipal ; ceux de Saint-Christophe n'avaient été déposés que le 5 novembre à la municipalité
de cette petite commune, dont un commissaire les signa jusqu'au 25 décembre.

Cette division de la ville en trois cantons pour l'enregis-
trement des actes de l'état civil ne fut pas maintenue. Limoges
formait, depuis quelque temps déjà, quatre circonscriptions
électorales et judiciaires : celles de Saint-Pierre, de Saint-
Michel, des Augustins et de Saint-Étienne. On modifia le péri-
mètre de ces sections, auxquelles on avait donné, dès le mois
de novembre 1792, des noms empruntés au vocabulaire alors

à la mode ; plusieurs changèrent de dénomination pendant la Terreur. Il y eut la section de la Révolution, celle de la Montagne, etc. Néanmoins les noms d'*Union*, *Liberté*, *Égalité* et *République* furent officiellement maintenus. La Cité, le Naveix, les deux Ponts, une partie du territoire des anciennes paroisses de Saint-Michel de Pistorie, Sainte-Félicité (et plus tard de Saint-Christophe) formèrent la section de l'*Union* ; la section de l'*Égalité* se composa des quartiers à l'ouest de la ville, à partir de la rue du Saint-Esprit ; la circonscription de celle de la *Liberté* comprenait la plus grande portion du territoire de l'ancienne section des Augustins, agrandie dans la direction de Saint-Pierre. Enfin la partie nord de Saint-Pierre, l'ancien territoire de Saint-Aurélien, de Saint-Gérald, l'Hôpital et tout ce qui s'étendait au sud-ouest de la rue et du faubourg du Pont-Saint-Martial, formèrent la section de la *République*. Chacune de ces divisions eut, à partir du 1er janvier 1793, son officier de l'état civil et ses registres spéciaux de naissances, de mariages et de décès ; on y ajouta ceux de publications de mariages, de divorces et de préliminaires de divorce.

Ces livres constatent que, du 1er janvier 1793 au 22 septembre 1794, il y eut, dans la commune de Limoges, deux mille soixante-treize décès (1), soit un dixième de la population, laquelle ne dépassait pas 20,000 âmes ; l'hospice, seul, fournit onze cents décès pendant cette période. On ne saurait trouver de témoignage plus précis et plus éloquent de l'effroyable misère qui régna dans notre ville à cette époque.

Au registre de la section de l'Égalité on trouve les actes de décès de huit prêtres, guillotinés, pendant la Terreur, sur la place de la Fraternité — place d'Aine — : Paul Esmoing, ci-devant curé d'Eymoutiers, 57 ans, exécuté le 24 brumaire an II (2), Jean-Joseph Raymond, ancien vicaire de Bonnat,

(1) Voici la décomposition de ce chiffre, d'après les tables générales de 1793 à 1794 : section de la Liberté, 203 décès ; section de l'Égalité, 217 ; section de la République, 1,490 ; section de l'Union, 161.

(2) Nous copions l'acte de décès de Paul Esmoing pour donner un échantillon de la rédaction de ces documents :

« Aujourd'hui, vingt-quatrième brumaire l'an second de la République française est décédé ce matin à onze [illegible] et demy sur la place de la Fraternité de cette commune et section de l'Égalité, Paul Esmoing

57 ans; Jean Raymond, ancien curé de Bussy, près Eymoutiers, 60 ans; Pierre-Paulmet Crumouzaud, ancien curé de Beaumont, 62 ans; Jean Tiquet, ancien vicaire de Châteauneuf, 35 ans, exécutés le 1er frimaire; Jean-François Rampnoux, diacre, de Chirac, près de Chabanais, 30 ans, exécuté le 15 frimaire; Jean Gaston, ancien curé de Sainte-Anne, 43 ans, et Melchior Pérol, communaliste et vicaire de Notre-Dame d'Eymoutiers, 42 ans, exécutés le 1er pluviôse.

La division de la commune de Limoges en quatre sections pour l'état civil, et la tenue de registres spéciaux dans chacune de ces sections, durèrent jusqu'à la fin de l'an X (22 septembre 1802). A partir du commencement de l'an XI, il n'y eut plus qu'un seul registre de naissances, un seul registre de mariages, un seul de décès, etc., pour toute la commune. Une table-répertoire, qui va de 1792 à la fin de 1806, facilite les recherches pour cette période.

Les registres des délibérations du Conseil général de la commune nous révèlent un fait curieux : lors du premier rétablissement de l'exercice du culte dans les églises de Saint-Pierre, de Saint-Michel des Lions et du Séminaire, en vertu de la loi du 11 prairial an III, le Directoire du département défendit aux curés (1er jour complémentaire de l'an III), sur la demande du District, de tenir des livres paroissiaux, alors même que ces livres ne mentionneraient que l'administration d'un sacrement, sans indiquer la date de la naissance ou de la mort. On manifesta la crainte que peu à peu les anciennes habitudes reprissent le dessus et que les papiers paroissiaux ne fissent négliger les registres de l'état civil.

Nous avons essayé de nous rendre compte, à l'aide des renseignements que fournissent les registres paroissiaux, du mouvement de la population de Limoges aux derniers siècles et du chiffre qu'elle pouvait atteindre à diverses époques, entre les deux dates extrêmes 1600 et 1789. Le tableau que nous

ex devant curé d'Eymoutiers âgé d'environ cinquante-sept ans, ainsi qu'il résulte de l'extrait du procès-verbal en datte de ce jour, signé Cousin greffier du tribunal criminel, lequel demeurera annexé aux présentes. — Pézaud, off. public. »

Les sept autres actes se rapportant aux prêtres guillotinés en 1793-1794 sont rédigés sur ce modèle.

donnons plus loin résume les indications puisées par nous à cette source. Ces indications, on le reconnaîtra au premier coup d'œil, sont très incomplètes et incertaines pour une grande partie du xvii⁰ siècle; mais en 1675 nous avons déjà des chiffres sûrs pour les plus importantes paroisses, et nous pouvons évaluer approximativement le nombre des baptêmes, pour cette année 1675, à 850; celui des décès paraît avoir atteint un chiffre presque égal. A partir de cette date, nous réunissons incontestablement les éléments d'une statistique sérieuse, et, bien que nous ayons été obligés de suppléer à quelques lacunes, soigneusement signalées dans les notes qui accompagnent notre relevé, nous estimons serrer de très près la vérité pour les années 1700, 1725, 1750 et 1789. Qui dit à cette époque : *baptêmes* et *enterrements*, dit : *naissances* et *décès*. Il n'y a plus de protestants à Limoges, et nos papiers paroissiaux, beaucoup mieux tenus depuis la fin du xvii⁰ siècle, ont une valeur presque équivalente à celle de nos modernes registres de l'état civil.

Nos chiffres permettent de contrôler les données officielles que l'on possède sur la population de Limoges depuis deux cents ans. On sait qu'un rapport souvent cité de M. de Bernage, intendant, sur la généralité de Limoges, évalue à « plus de quatorze mille » le nombre des habitants de la « Ville, Cité et faubourgs » en 1698. Le chiffre de 14,000 est, de toute évidence, bien au-dessous de la vérité. Le nombre des baptêmes est de 806 en 1700, et les indications relatives aux années qui précèdent et qui suivent immédiatement cette date permettent de fixer à 810 environ la moyenne des baptêmes, c'est-à-dire, nous le répétons, des naissances. Quel coëfficient faut-il appliquer à ce chiffre pour obtenir celui de la population? — Dans son travail sur l'*Administration des finances,* publié en 1784, Necker évalue la moyenne annuelle des naissances dans le royaume à quatre pour cent trois habitants, soit 1 pour 25.75 (38.8 p. 1,000). Cette proportion paraît à peu près exacte pour l'époque qui précède immédiatement la Révolution et où la fécondité des mariages a déjà subi, dans certaines classes de la société, une très notable décroissance ; mais, en adoptant cette base pour la fin du xvii⁰ siècle, nous nous exposerions à trouver un résultat fort éloigné de la vérité. Etant données les indications les plus vraisemblables qui nous soient fournies par la statistique démographique sur la natalité à cette époque, le rapport de 1 à 22 nous paraît devoir être adopté comme exact.

1600	1605	1625			1650			1675			1700			1725			1750		
Baptêmes	Baptêmes	Baptêmes	Mariages	Enterrem.	Baptêmes	Mariages	Enterrem.	Baptêmes	Mariages	Enterrem.	Baptêmes	Mariages	Enterrem.	Baptêmes	Mariages	Enterrem.	Baptêmes	Mariages	Enterrem.
…5[1]	210	233	»	»	193	»	»	252	28[9]	230	211	44[9]	112[10]	201	24[9]	117	193	42[9]	124
»	92[1]	227[9]	»	»	»	»	»	335	68	301	308	82	106[10]	255	55	147	241	62	180
»	»	»	»	»	»	»	»	»	»	»	33[5]	3[5]	3[6]	30	0	0	33	8	8
»	39[3]	83	10[9]	8[1]	85	13	35	60	21	91	70	18	49	56	8	20	60	18	3…
»	»	»	»	»	»	»	»	»	»	»	31	13	26	28	5	18	26	5	2…
»	»	»	»	»	»	»	»	»	»	»	10	4	6	5	1	2	8	4	[illegible]
»	»	»	»	»	»	»	»	»	»	»	19	12	9	18	3	5	21	8	2…
»	»	»	»	»	»	»	»	6	3	3	3	2	2	1	1	2	7	1	[illegible]
»	»	»	»	»	»	»	»	»	»	»	24[5]	4[5]	20[5]	22[5]	2[5]	18[5]	27	5	2…
»	»	»	»	»	»	.»	»	6	3	4	5	1	3	4	5	3	4	3	[illegible]
»	»	»	»	»	18	3	»	17	4	18	21	16	20	25	10	17	27	4	2…
»	»	»	»	»	»	»	»	»	»	»	20	2	12	13	3	7	19	4	2…
»	»	»	»	»	»	»	»	»	»	»	8	4	14	9	3	9	14	1	1…
»	»	»	»	»	»	»	»	»	»	»	7[3]	3[3]	4[5]	7[5]	2[3]	5[3]	7[7]	2	[illegible]
»	»	»	»	»	»	»	»	»	»	»	2[5]	1[5]	1[5]	2[5]	1[5]	1[5]	1	1	1
»	»	»	»	»	»	»	»	»	»	»	2[5]	1[5]	2[5]	3[1]	1[5]	1[5]	4	1	1
»	»	»	»	»	»	»	»	»	»	83	30	0	82	43	0	75	96	0	137
»	»	»	»	»	»	»	»	»	»	»	1[5]	0	20[5]	1[4]	0	20[5]	1[4]	0	20
TOTAUX…………………………											803	210	491	723	124	467	789	189	657

xacts. Il est probable que, à cette époque, il se tenait simultanément deux registres, et un seul a été conservé.

s'arrête au 10 novembre : à cette date, 195 enfants ont été baptisés. Si on admet que les cinquante-un jours, pour lesquels tout document nous manque,
le reste de l'année, le calcul donne le chiffre total de 227, porté ci-dessus.
ns avons dès ce temps-là les inhumations et les mariages. On compte, en 1625, huit mariages et sept enterrements de « grands corps ». Il n'est pas fait mention de
: Saint-Maurice ne mentionnent que les enterrements de « grands corps ». Le registre est du reste visiblement incomplet.

proportion entre le nombre des baptêmes et celui des décès : on sait que tous les enfants nés dans la ville, la cité et les faubourgs, pendant les octaves de l

baptême.

s établissements religieux, sont très rares. On n'en trouve que dans les registres des Chapitres et des grandes abbayes d'hommes, et ils ne concernent que les s
En dehors du personnel ecclésiastique, dont les décès sont mentionnés au registre des couvents, on rencontre quelques noms de laïques : certaines familles aya
uelques exemples. — Pour les décès, il est très difficile de préciser ; nous avons pris à peu près la moyenne des chiffres donnés par la *Feuille hebdomadaire*.
paroisse, nous n'avons pas compté les autorisations données par le curé pour marier ses paroissiens dans une autre église ; les registres de cette dernière conserv
paroisse où il a été célébré.
tres, ils sont bien complets, et il ne paraît pas avoir été tenu plusieurs registres à cette époque. Ils sont d'ailleurs à peu près les mêmes que ceux de 1725, pour Sain

Si l'on considère que la population de Limoges comprend alors beaucoup d'ecclésiastiques, de religieux et de religieuses — on ne saurait évaluer leur nombre à moins de 600 — et que l'enseignement des Jésuites attire une grande quantité d'étudiants (des documents, suspects à la vérité d'exagération, n'en accusent pas moins d'un millier au moment de la plus grande prospérité du collège) — on verra qu'en réalité nous comptons une naissance pour vingt habitants, pour 20.5 tout au plus (1), soit 47 à 48 naissances p. 1,000 : on ne saurait aller plus loin, à cette date, dans notre pays, sans encourir le reproche d'exagération.

Si ce rapport est exact, et nous le croyons tel, la population de Limoges et de sa banlieue, hôpital et couvents compris, n'était pas inférieure à 17,500 ou 18,000 âmes dans les dernières années du XVII° siècle et les premières du siècle suivant. En adoptant la proportion indiquée par Necker quatre-vingts ans plus tard, on trouverait que Limoges avait en 1700 plus de vingt mille habitants. Nous tenons ce chiffre pour trop élevé.

Ces 17,500 habitants nous paraissent pouvoir être ainsi répartis : Ville proprement dite, 11,000 ; Cité, Abbessaille et Naveix, 2,200 ; faubourgs et *arances*, 3,400 ; paroisses rurales, 900.

A partir de de 1710 ou 1750, le nombre des habitants de la ville et des faubourgs tend constamment à augmenter, malgré les nombreuses années de disette qui marquent la période comprise entre 1765 et 1790. Ce mouvement ascensionnel est dû surtout à l'établissement, à Limoges, de manufactures d'une assez grande importance. Le régime du travail, à cette époque, se modifie profondément. A côté de l'atelier domestique, vient s'installer la manufacture, et celle-ci lui fait déjà une désastreuse concurrence, non en produisant à meilleur marché — les industries, à Limoges, ne sont pas similaires, — mais en lui enlevant les bras. La fabrique détruit, plus efficacement que les édits royaux et les arrêts du Conseil, l'ancienne organisation corporative, les anciennes mœurs surtout, et brise les meilleurs liens qui unissaient l'ouvrier au patron. Les petits ateliers sont désertés par les apprentis et les aides, qui entrevoient dans la

.   .

(1) Il n'y a pas lieu, à cette époque, de tenir compte de la garnison, et le chiffre des pauvres de l'hôpital étrangers à la ville et à sa banlieue est insignifiant.

grande industrie à travail divisé, avec un salaire plus élevé, une existence plus libre et un plus séduisant avenir. On ne saurait évaluer à moins de 1,500 à 1,800 le nombre des ouvriers occupés, dans les vingt années qui précèdent la Révolution, par une trentaine d'établissements industriels, fondés presque tous postérieurement à 1730 : fabriques de soieries, siamoises, toiles, droguets, flanelles, filatures, fonderies, faïencerie, porcelaines, papeteries (1). Les mœurs subissent le contrecoup de ce changement : nos registres en fournissent des témoignages. Les charges de l'Hôpital général vont s'aggravant, et l'on voit, d'année en année, augmenter le nombre des malheureux qui y naissent et des malheureux qui y meurent.

A la veille de la Révolution, le territoire de la commune actuelle de Limoges est peuplé d'environ 23,000 habitants. Necker est très près de la vérité en évaluant à 22,000 âmes la population de la ville, dans laquelle il compte évidemment la Cité, les faubourgs et la petite banlieue : les *oranees*, comme on disait autrefois. Si l'on ajoute à ce chiffre celui des habitants des paroisses de Sainte-Claire, la Brégère et la partie de celle d'Usurat réunies au mois de novembre 1792 à Limoges, on arrive à 22,600 ou 22,800. — C'est par une erreur de typographie qu'on a imprimé 32,856 dans la *Statistique générale de la France* (1837), — *Territoire et population*, p. 279, années 1789. — A cette population totale de 23,000 âmes correspond un chiffre de 978 naissances, soit 1 sur 23.5 ou 42.5 pour 1.000 habitants.

Le *Calendrier* de Limoges pour 1789 donne les chiffres suivants pour la population des diverses paroisses : de Saint-Pierre, 5,609 âmes ; Saint-Michel, 6,750 ; Saint-Jean, 103 ; Saint-Maurice, 1,817 ; Saint-Domnolet, 956 ; Saint-Julien, 218 ; Saint-Christophe, 532 ; Saint-Paul, 255 ; Sainte-Félicité, 569 ; Saint-Cessateur-Saint-Aurélien, 168 ; Saint-Géral 1, 688 ; Saint-Michel-de-Pistorie, 580 ; Montjauvy, 113 ; en tout, 18,388. En ajoutant l'hôpital, les communautés, chapitres et dépendances et la garnison, dont il faut à cette époque tenir compte, on

____

(1) Il existait des papeteries sur la Vienne dès le XVIe siècle ; au XVIIIe, leur outillage se transforme, et deux ou trois de celles établies aux portes de Limoges, celle de M. Brunier notamment, dite le *moulin Richard*, prennent une extension considérable.

ne dépasserait pas le chiffre de 20,000, et avec les paroisses annexées trois ans plus tard on atteindrait à peine celui de 21,000. — Les indications dont il s'agit nous paraissent un peu faibles : elles feraient ressortir, par exemple, ce qui nous semble inadmissible pour l'époque, une naissance pour 20 habitants dans la paroisse de Saint-Michel, une pour 18.9 dans celle de Sainte-Félicité, chiffre de toute évidence fort exagéré. — Le coefficient de 25.75, proposé par Necker dans son mémoire, est d'autre part trop fort en ce qui concerne notre ville : il donnerait, pour 978 naissances, plus de 25,000 habitants. Nous croyons préférable de nous en tenir au chiffre de 22 à 23,000, que nous indiquions plus haut.

La disette, la misère, la dispersion des couvents, les besoins de la guerre, diminuèrent en cinq ou six ans cette population de deux mille âmes au moins. Plusieurs témoignages contemporains en font foi et les indications très précises de la *Statistique de la Haute-Vienne*, de M. Rougier-Chatenet, confirment ce renseignement. On s'explique, du reste, sans peine cette décroissance presque instantanée, quand on voit le chiffre des décès pour la ville et la banlieue, l'hôpital compris, d'une moyenne de 800 à 850, sauter presque tout à coup à 1,214 en 1789, atteindre 1,376 en 1792, et pendant deux années encore maintenir à un chiffre vraiment effrayant le tribut levé par la mort sur cette population décimée. Du 1er janvier 1792 au 22 septembre 1794, c'est-à-dire en moins de trente-trois mois, les registres de la commune signalent 3,419 décès (105 par mois) contre 2,193 naissances (66 par mois). — Sept années s'écoulent, les décès diminuent ; mais la proportion des naissances au nombre des habitants devient de plus en plus faible. En 1801, la population ne dépasse pas 20,550 âmes (1). En 1806, la situation s'est déjà améliorée ; la misère diminue et l'industrie commence à reprendre son essor un instant paralysé par la crise révolutionnaire. Avec le rétablissement de la paix et la reprise des relations commerciales tant à l'intérieur qu'à l'étranger, Limoges entre définitivement dans une ère de prospérité. Sa population, qui en 1821 a atteint 24,992 habitants, s'élève à 29,706 en 1836,

---

(1) Un document administratif de l'an III évalue à 21,948 habitants la population de la commune. Bien que ce chiffre comprenne les hommes sous les drapeaux, nous le croyons exagéré.

à 38,119 en 1846, à 46,561 en 1856, à 51,053 en 1861, à 59,011 en 1876. Nul doute qu'en 1881 elle ne dépasse 62,000. Elle a donc triplé en quatre-vingts ans. Par malheur, ce n'est pas à l'augmentation du nombre des naissances ni à la prépondérance de plus en plus accentuée de ce chiffre sur celui des décès que Limoges doit cet accroissement. D'après les dernières statistiques on ne compte guère qu'une naissance pour 36 habitants. Ainsi, pour une population beaucoup plus que triple de celle de 1700, c'est à peine s'il se produit un nombre de naissances double de celui d'alors : en d'autres termes, la proportion des naissances à la population a diminué d'un tiers en moins de deux siècles. Toutefois, la natalité en France, qu'on a vue plus haut évaluée par un économiste compétent à 4/103, soit un peu plus de 38.83 naissances pour mille habitants en 1781, ou 1 pour 25.75, n'étant plus aujourd'hui que de 26 p. °°/₀₀ (1) environ ou 1 pour 38.46, Limoges fournit un nombre de naissances un peu supérieur à la moyenne (27.61 pour 1,000 ou 1 sur 36.18)

Il convient d'ajouter que les années où le nombre des décès l'emporte sur celui des naissances ne sont pas rares à Limoges (2). On sait du reste que la Haute-Vienne est un des départements où le chiffre de la mortalité est le plus élevé : il porte le n° 79 sur 89, dans les relevés qui ont été faits pour la période comprise entre 1857 et 1866. En France, il meurt, chaque année, en moyenne, un peu plus de 23 individus sur mille habitants: or, la Haute-Vienne compte 26.4 décès p. °°/₀₀, alors que les Ardennes et la Haute-Garonne n'en ont que 19.8 (3).

Les renseignements que nous possédons ne nous permettent pas de remonter au-delà du XVIIᵉ siècle. Nous entrerions dans le domaine des hypothèses, et nous n'aurions à produire, à l'appui des conjectures que nous soumettrions au public, que de simples indications. Il nous paraît néanmoins établi que, par

_____

(1) Il est à noter que la natalité de la race française augmente sensiblement en Algérie, où on compte 37 naissances pour mille habitants, soit 1 sur 27.02 (Dr Ricoux : *Démographie de l'Algérie*. Paris, Masson, 1880.)

(2) Le chiffre considérable de la garnison et de la population de l'hospice et de l'asile d'aliénés étrangère à la ville atténue dans une certaine mesure la gravité des faits que nous signalons.

(3) Voir les très curieux ouvrages du Dr Bertillon, notamment la *Démographie figurée de la France*. Paris, Masson, 1874.

suite des calamités, épidémies, guerres civiles, désastres de toute sorte, qui affligèrent le pays au xvi⁰ siècle et dans le premier tiers du xvii⁰, la population de Limoges devait avoir diminué (1) : dans quelle proportion ? C'est ce que nous ne saurions dire exactement. Il est fort possible qu'à certaines époques, entre 1200 et 1500, elle ait atteint le chiffre auquel elle s'élevait au moment où éclata la Révolution, ou s'en soit sensiblement rapprochée ; nous avons peine à croire qu'à aucune date de son histoire elle l'ait dépassé, et nous estimons qu'à moins de découvertes nouvelles et d'indications bien précises, il faut rejeter parmi les fables ce que racontent nos chroniques de l'ancienne importance de la capitale du Limousin. Rien, absolument rien ne justifie et ne confirme ces traditions. Mais ce n'est pas ici le lieu d'entrer dans les développements que comporterait cette thèse de statistique rétrospective.

Dans le tableau que nous donnons plus haut, les chiffres relatifs aux décès de l'hôpital méritent d'être tout particulièrement remarqués. On sait combien la situation économique inspirait d'inquiétudes aux hommes d'État dès la seconde moitié du règne de Louis XV. Les disettes de 1769 et des années suivantes avaient provoqué de sérieux désordres ; des événements plus graves encore avaient été entrevus. En 1787 et 1788 s'ouvre définitivement la crise qui doit amener la Révolution. A ce moment, il y a, dans les classes pauvres, un effrayant accroissement de mortalité. A l'hôpital de Limoges, on compte, en 1786, 275 enterrements ; ce chiffre s'élève en 1787 à 361, s'abaisse à 319 en 1788, saute à 496 en 1789, atteint 676 en 1792, et, comme nous l'avons dit plus haut, 1,100 pour la période comprise entre le 1ᵉʳ janvier 1793 et le 22 septembre 1794. Ainsi l'hôpital voit mourir, *en moins de vingt-un mois, cinq pour cent* du chiffre total de la population de la commune. — La Révolution n'était pas plus douce aux petits qu'aux grands ; si elle dépouillait ceux-ci, forçait les uns de s'éloigner du sol natal, emprisonnait et guillotinait les autres, elle privait d'ouvrage les travailleurs, les frappait cruellement dans leurs intérêts et leurs affections, anéantissait l'aisance modeste de l'artisan, et

------

(1) L'épidémie de 1563 fit mourir, s'il faut en croire les *Annales de Limoges*, six mille personnes dans « la ville et faubourgs ». Le même ouvrage porte au chiffre tout à fait fantastique de vingt mille le nombre des victimes de la peste de 1631 « dans la Ville, Cité, faubourgtz et banlieue. »

l'envoyait mourir sur le grabat de l'hôpital. Ceux qui savent ces choses, trop complètement ignorées du public, ne doivent pas les dissimuler. Il faut que tout soit dit sur toutes les périodes de notre histoire nationale, et que la vérité fasse enfin justice des légendes entretenues par les complaisances intéressées de tous les partis.

VII

L'Hôtel de ville n'est pas le seul dépôt public qui conserve, à Limoges, d'anciens registres paroissiaux. Il en existe un certain nombre au greffe du tribunal civil, et nous avons cru nécessaire d'en faire l'inventaire afin de présenter un travail aussi complet que possible. Nous donnons le relevé de ces documents, en conservant, pour la commodité des recherches, l'ordre adopté plus haut dans la série des registres de l'Hôtel de ville.

I *bis.* -- SAINT-PIERRE-DU-QUEYROIX. *Dix :* Baptêmes, 1er décembre 1737, 28 décembre 1755 (le commencement de l'année 1737 a été copié, à une époque postérieure, sur le registre déposé à la mairie) ; — Mariages, 1er décembre 1737, 22 décembre 1765 (le commencement de 1737 copié comme au précédent) ; -- enterrements, 10 décembre 1737, 30 décembre 1755 (le commencement de 1737 également copié) ; -- B. 1er janvier 1756, 30 décembre 1772 ; — E. 4 janvier 1756, 29 décembre 1773 ; -- M. 7 janvier 1766, 31 décembre 1792 (tenu à la mairie à dater du 26 octobre 1792) ; — B. 1er janvier 1773, 25 décembre 1771 et E. 6 janvier 1771, 26 décembre 1792 (tenu à la maison commune à dater du 26 octobre 1792) ; -- B. 1er janvier 1775, 30 décembre 1792 (à la maison commune à dater du 26 octobre 1792) ; -- tables répertoires des naissances et décès de décembre 1737 au 31 décembre 1792 ; — table répertoire des mariages, de décembre 1737 au 31 décembre 1792.

II *bis.* -- SAINT-MICHEL-DES-LIONS. *Six :* B. M. E. 1er janvier 1738, 29 décembre 1750 (précédé de l'année 1737, copiée) ; -- B. M. E. 1er janvier 1751, 28 décembre 1763 ; -- B. M. E. 1er janvier 1764, 29 décembre 1771 ; -- B. M. E. 1er janvier 1775, 28 décembre 1781 ; -- B. M. E. 1er janvier 1785, 31 décembre 1792 (tenu, à dater du 30 octobre, à la maison commune) ; — table répertoire générale de 1738 à 1778, continué plus tard jusqu'à la fin de 1792.

III *bis.* --SAINT-JEAN. *Un :* B. M. E. 10 décembre 1730, 11 novembre 1790.

IV *bis.* — SAINT-MAURICE. *Quatre :* B. M. E. 2 janvier 1737, 21 décembre 1755 ; — B. M. E. 7 janvier 1756, 28 décembre 1771 ; — B. M. E. 3 janvier 1775, 4 août 1791 ; — table générale de janvier 1737 à août 1791.

V *bis.* — SAINT-DOMNOLET. *Deux :* B. M. E. 9 janvier 1737, 30 décembre 1765 ; — B. M. E. 1er janvier 1766, 25 décembre 1790.

VI. *bis.* - - Saint-Julien. *Un :* B. M. E. 9 février 1738, 31 décembre 1790.

VII. *bis.* — Saint-Christophe. *Un :* B. M. E. 1er janvier 1738, 27 juillet 1791.

VIII *bis.* - - Saint-Paul. *Un :* B. M. E. 25 mars 1738, 3 août 1791.

IX *bis.* — Sainte-Félicité. *Un :* B. M. E. 6 janvier 1738, 15 juillet 1791.

X *bis.* - - Saint-Cessateur-Saint-Aurélien. *Un :* B. M. E. 16 janvier 1738, 22 juillet 1791 (recueil A).

XI *bis.* - - Saint-Gérald. *Cinq :* B. M. E. 18 mai 1713, 1er décembre 1736 (1); — B. M. E. 8 janvier 1737, 4 juillet 1791; - - B. M. E. 3 janvier 1738, 21 décembre 1738; - - B. M. E. 6 janvier 1739, 28 décembre 1769; - - une feuille de 1740 (ces trois derniers sont des doubles de cahiers compris dans le second registre).

XII *bis.* - - Saint-Michel-de-Pistorie. *Un :* B. M. E. 17 janvier 1738, 16 (?) avril 1791.

XIII *bis.* - - Sainte-Claire. *Un :* B. M. E. 9 février 1738, 1 septembre 1791.

XIV *bis.* - - Saint-Étienne. *Un :* B. M. E. 8 août 1791, 31 décembre 1792 (à la maison commune depuis le 15 décembre); - - à la fin un répertoire ; - - recueil A.

XV *bis.* - - Saint-Thomas-d'Aquin. *Un :* B. M. E. 7 août 1791, 31 décembre 1792 (à la maison commune depuis le 28 octobre); - - à la fin un répertoire ; — recueil A.

XVI *bis.* - - Hôpital Général. *Trois :* B. E. 2 janvier 1737, 31 décembre 1762 ; - - B. E. 1er (?) janvier 1763, 28 décembre 1780; - - B. E. 2 janvier 1781, 31 décembre 1792 (le registre est signé par un officier municipal depuis le 29 octobre 1792).

XVII. - - Saint-Martial-de-Montjauvy. - - *Un :* B. M. E. 19 janvier 1738; 20 novembre 1790 (2).

- - - - - - - -

(1) Ce registre est en lacune à la mairie ; la municipalité obtiendra sans doute tôt ou tard sa restitution.

(2) Nous avons déjà dit qu'il ne reste à la mairie aucun des papiers paroissiaux de Saint-Martial de Montjauvy. Cependant le procès-verbal d'inventaire et de remise des registres de Saint-Michel-des-Lions aux commissaires de la Commune, mentionne la remise, par le curé de Saint-Michel, d'un certain nombre de cahiers renfermant les actes de baptêmes, mariages et enterrements de Saint-Martial de Montjauvy, depuis le 18 décembre 1667 jusqu'à l'année 1791 comprise; cette série ne présentait qu'une seule lacune : l'année 1790. - - On voit que cette collection était beaucoup plus complète que celle du greffe, puisqu'elle renfermait de plus que cette dernière, indépendamment des actes de l'année 1791, ceux d'environ soixante-dix années consécutives, du 18 dé-

XVIII. — Sainte-Madelaine-de-la-Brégère. *Un :* B. M. E. 12 janvier 1737, 21 décembre 1791 (1).

XIX. — Sainte-Marie-l'Égyptienne-d'Usurat. *Un :* B. M. E. 15 février 1738, 26 décembre 1791 (2).

Soit *quarante-trois* registres en tout, dont trois, ceux de Saint-Étienne, Saint-Thomas-d'Aquin et Saint-Aurélien-Saint-Cessateur, dans le même recueil.

On voit que, sauf un registre de la paroisse de Saint-Gérald et ceux trois des paroisses de la banlieue : Montjauvy, la Brégère et Usurat, la collection du greffe n'est que le double de la série la plus récente des papiers conservés à l'Hôtel de ville. — C'est, nous l'avons dit plus haut, en vertu de la déclaration du roi du 9 avril 1736 que le greffe reçut le dépôt d'un exemplaire des cahiers tenus par le clergé paroissial. Grâce à la menace d'une grosse amende, on obtint des curés la remise régulière de ces documents. Un relevé général, dressé sous l'Empire, des lacunes existant dans cette collection, constate l'absence de l'année 1737 et de l'année 1792 dans presque toutes les séries, de 1791 dans quelques-unes. Il est évident que la première année manque parce que la déclaration royale n'avait pas été mise sur le champ à exécution. Quant à la seconde, les cahiers s'y rapportant existent, comme on peut le voir par le relevé ci-dessus, dans toutes les paroisses que n'avait pas supprimées la loi du 1er juin 1791. Quelques paroisses dont la suppression en droit ne remontait qu'à cette loi avaient, en fait, cessé d'être desservies dès l'année précédente : de là l'absence de registres pour cette année. Au surplus, les actes de 1736 se trouvent à l'Hôtel de ville; quant à ceux de 1792 et, pour quelques paroisses, des derniers mois de 1791, il faut les chercher dans les livres des paroisses conservées par la loi du 1er juin, dans l'Hôpital et de la petite paroisse de Saint-Christophe qui, formant comme nous l'avons dit, le territoire d'une commune spéciale, dut à ce fait une prolongation d'existence de plus d'une année.

Sur beaucoup de registres paroissiaux, notamment de ceux

cembre 1687 au 19 janvier 1738, antérieures à l'acte le plus ancien que possède ce dépôt. Tout ce qui se rapporte à cette période est vraisemblablement perdu.

(1 et 2) L'Hôtel de ville ne possède non plus aucun registre de ces deux paroisses.

conservés au greffe, nous remarquons l'attestation, mise par le curé à la fin du cahier, de la publication, au prône de la grand'messe, les dimanches avant les Quatre-Temps, de l'édit du roi Henri II « contre les femmes qui occultent leur grossesse ».

Outre les registres des paroisses, le greffe possède tout ce qui reste, croyons-nous, de ceux tenus dans les divers couvents de Limoges et des environs, conformément à la déclaration royale de 1736, pour recevoir, outre la mention des sépultures, les actes de vêture, noviciat et profession. Les documents dont il s'agit et dont on ne pourrait trouver ailleurs que quelques fragments épars, sont presque tous réunis dans trois gros recueils, formés malheureusement avec trop peu de soin. Nous les avons dépouillés et nous en donnons ci-après le détail en faisant remarquer que, pour guider dans leurs recherches les personnes qui auraient besoin d'y recourir, nous avons désigné chacun de ces recueils par une des lettres B. C. D., la lettre A ayant été déjà employée par nous pour étiqueter un recueil mentionné plus haut et où se trouvent rassemblés les cahiers de plusieurs paroisses :

XX. — ÉGLISE ROYALE ET COLLÉGIALE DE SAINT-MARTIAL : Un cahier et 37 feuillets d'actes d'inhumations : 22 décembre 1713, 4 avril 1737 (un acte de mariage en 1734); — 4 avril 1737, 30 novembre 1737; — années 1738, 1740, 1742, 1743, 1744, 1749, 1750, 1751, 1752, 1753, 1754, 1755, 1756, 1757, 1758, 1759, 1760, 1761, 1762, 1763, 1764, 1765, 1766, 1767, 1768, 1769, 1770, 1771, 1774, 1776, 1777, 1778, 1779, 1780, 1781, 1783. — Le recueil A, que nous avons mentionné plus haut et où se trouvent réunis les cahiers des paroisses de Saint-Cessateur-Saint-Aurélien, Saint-Thomas-d'Aquin et Saint-Étienne, renferme également les doubles des feuilles ci-dessus, plus les années 1711, 1717, 1718, 1772, 1773, 1775, 1782, 1784, 1785, 1786, 1787, 1788, en sorte que la collection de 1737 à 1788 est complète, sauf une lacune de trois années : 1739, 1745, 1746.

XXI. — ABBAYE DE SAINT-AUGUSTIN (Bénédictins) : Vêtures, noviciats et professions, 19 avril 1773, 22 janvier 1776; — 21 janvier 1778, 29 novembre 1779, plus 1779 et 1780 à 1783 (recueil B).

XXII. — ABBAYE DE SAINT-MARTIN (Feuillants) : Inhumations, 1775, 1777, 1778, 1779, 1780, 1782, 1783, 1784, 1785, 1786, 1787; — les cahiers des dernières années renferment aussi des vêtures (recueil C.)

XXIII. — SÉMINAIRE DES ORDINANDS (1) : Inhumations de 1769, 1776, et 1777 à 1788 inclus (recueil D).

----

(1) On sait qu'il y avait autrefois à Limoges deux séminaires : la

XXIV. — Couvent des Augustins : Inhumations du 11 août 1738 à la fin de 1778 (manquant les années 1742, 1749 et 1752) ; — vêtures et inhumations de 1783, 1784, 1785, 1786, 1787, 1788 (recueil B).

XXV. — Couvent des Grands Carmes (des Arènes) : Vêtures du 1er février 1737 au 2 novembre 1743 ; — inhumations de 1738 à 1788, sauf huit années en lacune : 1751, 1755, 1758, 1781, 1783, 1785, 1786 et 1787 (recueil B).

XXVI. — Couvent des Petits Carmes (Carmes déchaussés de Saint-André) : Vêtures, 21 novembre 1739, 21 décembre 1739 ; — vêtures et sépultures, 1771 et 1775 ; une profession de 1781 (recueil B).

XXVII. — Couvent des Cordeliers : Vêtures, 1er mars 1712, 22 octobre 1719 ; — 3 mai 1750, 8 octobre 1755 ; — 7 juin 1756, 16 décembre 1760 et de 1780 au 20 mai 1782 ; — inhumations (et vêtures pour la plupart des années) 19 septembre 1738 à la fin de 1779 ; — manque l'année 1741 (recueil C).

XXVIII. — Couvent des Jacobins : Inhumations, et quelques vêtures dans les dernières années seulement, du 11 mars 1738 à la fin de 1781. Manquent les années 1739, 1742, 1744, 1745, 1746, 1749, 1750, 1757, 1758, 1765, 1769, 1770, 1771, 1772 (recueil C).

XXIX. — Couvent des Oratoriens : Inhumations de 1774 à 1788 inclus (recueil C).

XXX. — Couvent des Récollets de Saint-François : Inhumations, 21 juin 1777, 19 septembre 1778 (recueil D).

XXXI. — Couvent des Récollets de Sainte-Valérie : Vêtures, 30 septembre 1737, 11 mai 1741 ; — 17 janvier 1746, 3 janvier 1750 ; — 10 avril 1755, 21 novembre 1776 ; — vêtures et inhumations, 1776, 16 octobre 1781 (recueil D) ; — vêtures et sépultures, 1782 au mois de juillet 1785 (recueil B).

XXXII. — Abbaye de la Règle : Vêtures, 1er octobre 1699, 12 octobre 1703 (ou 1704) ; — 1er janvier 1700 (cette date a été surchargée, et on lit au-dessus celle du 29 avril 1701), 1er mai 1718 ; — 4 mai 1727, 12 août 1736 ; — 1er janvier 1737, 3 avril 1740 ; — 5 août 1743, 8 janvier 1747 ; — 22 février 1749, 21 mars 1754 ; — 21 août 1751, 15 octobre 1758 ; — 1er décembre 1759, 23 juin 1765 ; — 7 août 1767, 3 mai 1772 ; — 1er mai 1773, 4 janvier 1778 ; — vêtures et enterrements (feuille détachée) de 1777 ; — vêtures 16 août 1779, 9 novembre 1783 ; — vêtures et sépultures de 1778 à 1788 inclus (recueil D).

XXXIII. — Abbaye des Allois : Vêtures et sépultures, 30 avril 1771, 21 septembre 1775 ; — 1er janvier 1776, 30 avril 1780 ; — 1er janvier 1781, 31 juillet 1785 ; — sépultures des années 1777, 1778, 1779, 1780, 1781,

---

Mission et les Ordinands. Les prêtres du premier étaient chargés de la tenue des registres de l'Hôpital général ; c'est sur les cahiers de ce fonds qu'il faut chercher les actes qui les concernent.

1782, 1784, 1785, 1786, 1788, 1789, 1790, 1791, — plusieurs de ces pièces ou cahiers en double, — (recueil B).

XXXIV. — Couvent des religieuses de Saint-Alexis : Vêtures, 19 mars 1738, 5 janvier 1744 ; — 10 octobre 1745, 10 janvier 1749 ; — 19 avril 1749, 3 juin 1753 ; — 27 avril 1755, 20 avril 1760 ; — 5 juillet 1761, 17 février 1765 ; — 19 avril 1767, 17 juin 1770 ; — 5 mars 1772, 17 novembre 1776 ; — 20 décembre 1777, 3 novembre 1782 ; — 1er janvier 1783, 1er juillet 1787 ; — 1er janvier 1788, 5 juillet 1789 (recueil B).

XXXV. — Couvent des Carmélites : Vêtures, 7 janvier 1737, 20 octobre 1746 ; — 1er janvier 1752, 23 octobre 1766 ; — 8 janvier 1768, 22 (?) janvier 1773 ; — 8 janvier 1773, 11 septembre 1776 ; — inhumations de 1776 et 1777 (recueil B).

XXXVI.— Couvent des Petites-Claires du faubourg des Arènes(1): Vêtures, 26 avril 1737, 17 décembre 1741 ; — de 1741 à 1770 ; — 2 novembre 1770, 15 janvier 1775 ; — vêtures de 1778, 1779, 1780, 1782, 1783, 1784, 1785, 1786, 1787, 1788. Quelques années, notamment 1781, mentionnent aussi les sépultures (recueil B).

XXXVII. — Couvent des Filles de Notre-Dame : Vêtures, 1er janvier 1737, 17 novembre 1743 (un double qui ne va que jusqu'au 17 avril); — 17 septembre 1748, 3 juin 1753 ; — 3 septembre 1753, 30 juillet 1758 ; — 3 septembre 1758, 7 août 1763 ; — 3 septembre 1763, 27 juillet 1788 ; — inhumations, 9 avril 1773, 23 mai 1788 (recueil C).

XXXVIII. — Couvent des Filles de la Croix ou Sœurs de la Croix : Vêtures, 15 janvier 1766, 9 novembre 1783 (recueil C).

XXXIX. — Couvent de Saint-Joseph de la Providence : Vêtures, 6 septembre 1737, 19 juillet 1789 ; — à dater de 1775, les sépultures figurent sur ce cahier. Il ne manque qu'une ou deux années (recueil C).

LX. — Couvent des Ursulines : Vêtures, 1er janvier 1737, 15 octobre 1743; — 28 juin 1744, 1er janvier 1752 ; — 25 novembre 1752, 4 novembre 1759 ; — 11 juillet 1760, 2 septembre 1764 ; — 31 décembre 1764, 20 août 1769 ; — 30 décembre 1769, 24 juillet 1774 : — 15 janvier 1775, 19 novembre 1775 ; — vêtures et sépultures de 1773, 1775, 1776 à 1789 inclus (recueil D).

. LXI. — Couvent de la Visitation : Vêtures, 6 avril 1744, 8 septembre 1746 ; — ... 1752, 29 août 1756 ; — 28 juillet 1757, 6 juillet 1766 ; — 25 novembre 1766, ... octobre 1771 ; — 28 décembre 1771, 30 avril 1775 ; — 17 février 1778, 6 juillet 1783 ; — 20 septembre 1783, 1er septembre 1788 (recueil D).

A la fin du recueil que nous avons désigné sous la lettre D et qui est bien, au surplus, le dernier de la série, se trouvent

---

(1) Nous n'avons trouvé aucun papier du grand couvent de Sainte-Claire-en-la-Cité, qui du reste avait cessé d'exister longtemps avant la Révolution.

des documents relatifs à quatre monastères importants, situés hors de la ville épiscopale et de sa banlieue, mais compris dans l'arron lissement actuel de Limoges : l'abbaye de Breuil, près Veyrac, le prieuré Grandmontain de filles du Châtenet, près de Feytiat, improprement qualifié d'abbaye, le couvent des religieuses de Notre-Dame de Saint-Léonard et l'abbaye chef d'ordre de Grandmont. Breuil a fourni un obituaire allant du mois de juin 1680 au 25 juin 1696, plus des cahiers de vêtures et sépultures de 1780 à 1782 ; le Châtenet, un relevé insignifiant qui a trait à la période comprise entre le 16 mai 1772 et le 11 février 1774 ; du couvent de Notre-Dame de Saint-Léonard, il reste des registres de vêtures du 1er janvier 1737 au 18 novembre 1742 ; — du 1er janvier 1748 au 10 décembre 1752 ; — du ... janvier 1753 au 8 novembre 1757 ; — du 26 février 1758 au 4 juillet 1762 ; — du 2 mai 1763 au 8 février 1767 ; — du 7 février 1768 au 7 août 1775. Ces feuilles mentionnent quelques décès.

On n'a conservé de l'abbaye de Grandmont qu'un registre de vêtures : il va, sans interruption, du 29 septembre 1715 au 6 mars 1768. Le dernier acte inscrit a trait à l'admission de Martial Lachassaigne, de Saint-Léonard, âgé de 23 ans. — On sait qu'une lettre de cachet du 18 septembre 1768, notifiée à l'ordre dans le chapitre général du 25 du même mois par l'archevêque de Toulouse et l'évêque de Mirepoix, commissaires royaux, interdit toute nouvelle profession dans l'observance. Dans ce cahier, dont les premières pages portent la signature de dom Raymond Garat, avant-dernier général de Grandmont, doivent donc être mentionnées toutes les réceptions faites pendant le gouvernement de dom Mondain de la Maison-Rouge. On y rencontre les signatures et les actes d'admission ou de profession de presque tous les religieux qui jouèrent un rôle dans la lutte entre l'abbé et la trop fameuse Commission des Réguliers : Vitecocq, de Fontvielle, Beaubreuil, Gigaud, Babinet, Besse, Jabet, Pichon, Salot de Tourniolles, Vergniaud, etc., etc.

Dans les registres provenant des communautés de Limoges, beaucoup d'actes sont signés de noms connus et mentionnent des personnes appartenant aux plus nobles et aux plus illustres familles du Limousin et des provinces voisines. — Il faut se rappeler qu'on n'enterrait pas seulement dans les chapelles ou les cloîtres des couvents les religieux qui faisaient partie de la communauté : un certain nombre d'anciennes familles avaient

conservé leur sépulture dans les monastères : ainsi les de
Douhet avaient leur tombeau à Saint-Martial, les de La Bastide aux Augustins, etc. De plus, les grandes abbayes ou les
chapitres, Saint-Martial notamment, avaient conservé le droit
d'administrer les sacrements aux personnes habitant dans l'enceinte de leurs murailles : maîtres de psallette, enfants de
chœur, musiciens, sacristains, domestiques, etc., et les funérailles des plus humbles serviteurs de l'église étaient parfois
célébrées avec une grande solennité. Nous relevons, sur les
registres de la Collégiale, la mention du décès et de la sépulture de Jean-Baptiste de Montesquiou-Fézensac, abbé de Saint-
Martial et de Bolbone, vicaire général du diocèse de Limoges,
décédé le 2 décembre 1784, inhumé le 3; de Joseph Des Marais,
abbé de Rosières, ancien vicaire général de Troyes et de Poitiers,
chanoine honoraire de Saint-Martial, décédé le 12 septembre
1787, inhumé le 13; de Jean-Charles de Taillefert de Barrière,
abbé de Saint-Martial et de Josaphat, mort à 85 ans, le 3 septembre 1729, après une administration de vingt-neuf années, et
enterré le 4. L'acte d'inhumation est accompagné des annotations suivantes :

« Le susdit abbé avoit été camérier du Pape quatorze ans et avoit fait
le voyage de Rome sept foys en...

» A l'enterrement du susdit abbé, assistèrent les pauvres de l'hôpital
en très grand nombre... portant une croix ; ensuite venoit les Recolets,
les Cordeliers, les pères Augustins, les pères Carmes, les Jacobins et la
paroisse de Saint-Michel. L'enlevement fut fait en presence des susdits
par M\ du chapitre, M\ le Chantre faisant l'office en l'absence de M. le
Prevost. — Il mourut dans la maison canoniale qui est dans la grande
rue de St Martial. Le convoy passat devant la fontaine du Chevalet,
devant les Filles de Notre-Dame, à la Croix-Neuve, devant les prisons,
dans l'esglise de St Michel ou l'on fit une absolution. On porta le corps
du défunt sur l'autel de laditte esglise. On descendit par la rue du
Clocher, ensuite dans la susditte esglise ou y avoit si grande affluence
de peuple qu'on eut de la peine a faire les ceremonies. — JOUBERT, chanoine. — DE LABASTIDE, chane. »

On trouve également, dans les papiers provenant de l'abbaye
des Allois, l'acte relatif à l'inhumation de l'abbesse Madelaine
de Gimel de Lentilhac, morte à l'âge de 52 ans, le 30 avril
1771. Ces registres offrent de nombreuses signatures des abbesses
Louise de Villoutreys de Faye et Marguerite d'Ussel de Châteauvert. La première avait été d'abord religieuse au monastère
de la Règle, dont un cahier conserve son acte de profession; elle

obtint l'abbaye des Allois sur la recommandation de Loménie de Brienne et grâce au grand intérêt qu'avait à ce moment M⁰ d'Argentré à satisfaire son tout-puissant protecteur. — A la Règle, nous rencontrons successivement les noms des abbesses Elisabeth d'Aubusson de la Feuillade, Marie d'Aubusson de Bansson, J. de Verthamon, Catherine-Elisabeth de Verthamon, Françoise-Henriette de Cosnac, Julie-Céleste de Boisjollan et Barbe-Antoinette d'Abzac de Mayac. On trouve aussi l'acte d'inhumation de M⁰⁰ de Boisjollan, morte à 52 ans, le 6 novembre 1778.

Sur les registres du couvent de la Providence, on remarque la copie d'une lettre de « petit cachet », comme on disait alors, interdisant jusqu'à nouvel ordre toute admission dans la communauté. Cette défense est du 10 juillet 1744; elle fut levée que le 19 mars 1761.

Au greffe, comme à l'Hôtel de ville, nous croyons qu'il reste d'utiles recherches à faire, de précieuses notes à recueillir. Dans l'article un peu aride qui précède, nous nous sommes surtout proposé pour objet d'appeler l'attention sur ces dépôts, insuffisamment explorés jusqu'ici; peu connus même des archéologues et dont la richesse est pourtant incontestable; mais, pour en tirer tout le parti désirable, il faudrait procéder d'une façon méthodique au dépouillement général des registres et papiers dont nous avons cherché à donner un aperçu. A ce prix seulement on obtiendrait un sérieux et utile résultat. Nous estimerions, pour notre part, notre peine amplement récompensée si nos indications suggéraient l'idée d'entreprendre ce travail à un homme qui pût, qui sût et qui voulût l'exécuter (1).

(Extrait du Bulletin de la Société Archéologique et Historique du Limousin.)

---

(1) Ce vœu a été rempli au cours de l'année 1879 : M. Thomas, archiviste-paléographe, élève distingué de notre école des Chartes, a été chargé du classement de nos archives municipales.

Nous devons adresser tous nos remerciements à M. Vouzelle, greffier du tribunal civil, et à MM. les employés du secrétariat et de l'état civil à la mairie, pour l'obligeance qu'ils ont mise à faciliter nos recherches.